Konjunktur und Wachstum

Wolfgang Cezanne

Konjunktur und Wachstum

Grundzüge der Makroökonomik

Wolfgang Cezanne
Berlin, Berlin, Deutschland

ISBN 978-3-658-47713-4   ISBN 978-3-658-47714-1 (eBook)
https://doi.org/10.1007/978-3-658-47714-1

Die Deutsche Nationalbibliothek verzeichnet diese Publikation in der Deutschen Nationalbibliografie; detaillierte bibliografische Daten sind im Internet über https://portal.dnb.de abrufbar.

© Der/die Herausgeber bzw. der/die Autor(en), exklusiv lizenziert an Springer Fachmedien Wiesbaden GmbH, ein Teil von Springer Nature 2025

Das Werk einschließlich aller seiner Teile ist urheberrechtlich geschützt. Jede Verwertung, die nicht ausdrücklich vom Urheberrechtsgesetz zugelassen ist, bedarf der vorherigen Zustimmung des Verlags. Das gilt insbesondere für Vervielfältigungen, Bearbeitungen, Übersetzungen, Mikroverfilmungen und die Einspeicherung und Verarbeitung in elektronischen Systemen.
Die Wiedergabe von allgemein beschreibenden Bezeichnungen, Marken, Unternehmensnamen etc. in diesem Werk bedeutet nicht, dass diese frei durch jede Person benutzt werden dürfen. Die Berechtigung zur Benutzung unterliegt, auch ohne gesonderten Hinweis hierzu, den Regeln des Markenrechts. Die Rechte des/der jeweiligen Zeicheninhaber*in sind zu beachten.
Der Verlag, die Autor*innen und die Herausgeber*innen gehen davon aus, dass die Angaben und Informationen in diesem Werk zum Zeitpunkt der Veröffentlichung vollständig und korrekt sind. Weder der Verlag noch die Autor*innen oder die Herausgeber*innen übernehmen, ausdrücklich oder implizit, Gewähr für den Inhalt des Werkes, etwaige Fehler oder Äußerungen. Der Verlag bleibt im Hinblick auf geografische Zuordnungen und Gebietsbezeichnungen in veröffentlichten Karten und Institutionsadressen neutral.

Springer Gabler ist ein Imprint der eingetragenen Gesellschaft Springer Fachmedien Wiesbaden GmbH und ist ein Teil von Springer Nature.
Die Anschrift der Gesellschaft ist: Abraham-Lincoln-Str. 46, 65189 Wiesbaden, Germany

Wenn Sie dieses Produkt entsorgen, geben Sie das Papier bitte zum Recycling.

Zur besseren Lesbarkeit wird in diesem Buch das generische Maskulinum verwendet. Die in diesem Buch verwendeten Personenbezeichnungen beziehen sich – sofern nicht anders kenntlich gemacht – auf alle Geschlechter.

Vorwort

Dieses Buch richtet sich in erster Linie an Studierende der Wirtschaftswissenschaften, die sich kurz und knapp über den Gegenstand „Makroökonomik" informieren wollen. Darüber hinaus richtet sich das Buch auch an jeden, der am Gegenstand ein ernsthaftes Interesse hat.

Heute sind zahlreiche sehr gute Lehrbücher zur Makroökonomik am Markt, die den Studierenden alles Notwendige in homöopathisch verpackten Häppchen (vulgo: Module) versuchen beizubringen. Zudem hat heute jeder die Möglichkeit, mit wenigen Klicks am PC interaktive Videos herunterzuladen, um sich auch komplexe Sachverhalte mit mehr oder weniger Erfolg verständlich erklären zu lassen.

Wozu also auch noch dieses Buch? Was sind die besonderen Merkmale ausgerechnet dieses Buches?

Erstens soll das Buch Studierenden helfen, sich im Wirrwarr makroökonomischer Modellkonstruktionen zurechtzufinden. Viele Studierende haben gerade in der Makroökonomik trotz mehr oder weniger intensiven Lernens das mulmige Gefühl, sich in den Fallstricken der diversen Modelle nicht zurechtzufinden und deswegen nicht ausreichend auf eine Prüfung vorbereitet zu sein. Hier soll das Buch gewissermaßen als Repetitorium eine Hilfestellung bieten. Falls etwaige Vorbildungen Vorurteile gewesen sein sollten, mag der Text dazu beitragen, die Letzteren möglichst auszuräumen.

Zweitens bringt das Bemühen, kurz und knapp zu bleiben, naturgemäß gewisse Schwierigkeiten mit sich. Man läuft Gefahr, entweder in missverständliche Oberflächlichkeiten oder in detailverliebtes Theoretisieren abzugleiten. Ich habe mich bemüht, bei dieser Gratwanderung das richtige Maß zu finden.

Drittens habe ich den Text an einigen Stellen zu Demonstrationszwecken mit empirischem Material unterfüttert. Es handelt sich um einfach zugängliche Quellen, die von jedem mit wenigen Klicks am PC eingesehen und ggf. selbständig aktualisiert werden können.

Viertens habe ich mich mit Literaturverweisen mit Absicht zurückgehalten. Ich möchte keinen der heute leider verbreiteten Zitationsfriedhöfe verantworten. Natürlich habe ich alle Quellen sauber und ordentlich vermerkt. Aber letztlich ist das alles irgendwo abgeschrieben. Und da es mir bewusst ist, dass sich hier in letzter Zeit ein gewisser Schlendrian eingeschlichen hat, gestehe ich freimütig, dass mit an Sicherheit grenzender Wahrscheinlichkeit irgendwelche Plagiate aufgedeckt werden können. Ich erhebe keinerlei Anspruch auf Originalität, geschweige denn, Neues eruiert zu haben.

Berlin
im Dezember 2024

Wolfgang Cezanne

Inhaltsverzeichnis

1	**Volkswirtschaftliches Rechnungswesen**		1
1.1	Kreislaufanalyse		1
	1.1.1	Vermögensrechnungen	1
	1.1.2	Vermögensrechnungen und Kreislaufanalyse	3
	1.1.3	Geschlossene Volkswirtschaft ohne Staat	4
	1.1.4	Staat und Ausland	13
	1.1.5	BIP und verwandte Größen am Beispiel Deutschland	14
1.2	Finanzierungsrechnung		16
	1.2.1	Finanzierungsrechnung Deutschlands 2017–2022	17
	1.2.2	Die Haushalte	18
	1.2.3	Die Unternehmen	18
	1.2.4	Der Staat	19
	1.2.5	Das Ausland	20
	1.2.6	Eine Wertung	20
1.3	Zahlungsbilanz		23
	1.3.1	Zahlungsbilanz Deutschlands 2017–2022	24
	1.3.2	Leistungsbilanz	25
	1.3.3	Kapitalbilanz	25
	1.3.4	Eine Wertung	26
	Literatur		27
2	**Konjunktur – Die kurze Frist**		29
2.1	Konjunkturschwankungen – Der Befund		29
	2.1.1	Konjunkturschwankungen	29
	2.1.2	Konjunkturindikatoren	32
2.2	Konjunkturpolitik – Die Diagnose		33
	2.2.1	Der Ansatz von Keynes	33
	2.2.2	Instrumente der Geld- und Fiskalpolitik – Übersicht	33
2.3	Das IS-LM-Modell – Die Therapie		34

	2.3.1	Ein einfaches Modell	35
	2.3.2	Das keynesianische Kreuz	36
	2.3.3	Keynes und die Klassik	40
	2.3.4	Multiplikator	41
	2.3.5	Das IS-LM-Modell	44
	Literatur		52

3 Zielkonflikte – Die mittlere Frist ... 53
- 3.1 Das AS-AD-Modell ... 53
  - 3.1.1 Von dem IS-LM-Modell zur AD-Kurve ... 53
  - 3.1.2 Die Phillips-Kurve ... 55
  - 3.1.3 Die kurzfristige AS-Kurve ... 60
  - 3.1.4 Die langfristige AS-Kurve ... 61
  - 3.1.5 Das AS-AD-Modell in Aktion ... 62
  - 3.1.6 Zusammenfassung ... 67
- 3.2 Das NKM-Modell ... 68
  - 3.2.1 Angebots- und Nachfragefunktion der Inflation und die Taylor-Regel ... 68
  - 3.2.2 Das NKM-Modell in Aktion ... 73
  - 3.2.3 Zusammenfassung ... 76
- 3.3 Eine Wertung ... 77
- Literatur ... 78

4 Wachstum – Die lange Frist ... 79
- 4.1 Determinanten des Wachstums ... 79
- 4.2 Arbeit und Arbeitsproduktivität – Die Quellen des Wohlstands ... 81
- 4.3 Solow-Modell ohne technischen Fortschritt ... 85
  - 4.3.1 Cobb-Douglas-Produktionsfunktion und Solow-Zerlegung ... 85
  - 4.3.2 Arbeitsproduktivität, Kapitalintensität und Wachstumsgleichgewicht ... 88
- 4.4 Exogener technischer Fortschritt ... 92
  - 4.4.1 Totale Faktorproduktivität ... 93
  - 4.4.2 Arbeitsgebundener und kapitalgebundener technischer Fortschritt ... 96
- 4.5 Endogenes Wachstum, Humankapital und das AK-Modell ... 99
- 4.6 Eine radikale Fragestellung ... 100
- Literatur ... 102

5 Arbeitsmarkt ... 103
- 5.1 Das Modell des Arbeitsmarktes ... 103
- 5.2 Arbeitsnachfrage ... 104
- 5.3 Arbeitsangebot ... 106
- 5.4 Arbeitslosigkeit ... 108

	5.4.1	Drei Arten von Arbeitslosigkeit	108
	5.4.2	Exkurs: Mindestlohn	114
5.5	Ein Beispiel – Deutschland Ende 2024		115
Literatur			118

Volkswirtschaftliches Rechnungswesen 1

> *„panta rhei" – Alles fließt.*
> *Simplikios, griechischer Philosoph, um 480–560*

1.1 Kreislaufanalyse

In der Kreislaufanalyse geht es um die statistische Erfassung der gesamtwirtschaftlichen Produktion von Gütern. Die Güterproduktion ist der Quell des materiellen Wohlstands der Bevölkerung. Die Kreislaufanalyse liefert eine halbwegs zuverlässige Information über diese wichtige Größe. Die Idee eines Wirtschaftskreislaufs basiert auf der Tatsache, dass jede wirtschaftliche Transaktion zwei Seiten hat. Anders ausgedrückt: Die Einnahmen des einen sind die Ausgaben des anderen.

Im Folgenden werden zunächst einzel- und gesamtwirtschaftlichen Vermögensrechnungen erläutert. Sodann wird sukzessive der Wirtschaftskreislauf einer offenen Volkswirtschaft mit Staat entwickelt. Am Beispiel Deutschlands wird ein Überblick über Entstehung, Verwendung und Verteilung der makroökonomischen Aggregate wie Bruttoinlandsprodukt, Volkseinkommen, Außenbeitrag, Lohnquote usw. gegeben.

1.1.1 Vermögensrechnungen

Grundlage der Kreislaufanalyse sind einzel- und gesamtwirtschaftliche Vermögensrechnungen. Wir beginnen mit einer einzelwirtschaftlichen Vermögensrechnung.

1.1.1.1 Einzelwirtschaftliche Vermögensrechnung

Als erstes benötigen wir eine einheitliche Terminologie. Sonst gehen Begriffe wie Vermögen, Ersparnis, Forderungen, Investitionen usw. – die ja auch in der Alltagssprache verwendet werden – kreuz und quer durcheinander und führen zu Missverständnissen.

Die übliche Darstellung einer einzelwirtschaftlichen Vermögensrechnung ist die Bilanz. Eine Bilanz ist schematisch in Abb. 1.1 dargestellt.

Aktiva sind das Sachvermögen und die Forderungen. Die Forderungen werden unterteilt in Zahlungsmittel und sonstige Geldforderungen. Zahlungsmittel ihrerseits bestehen aus Bargeld und Giralgeld. Bargeld stellt eine Forderung an die Zentralbank dar. Giralgeld ist eine Forderung an die Bank, bei der das Guthaben gehalten wird.

Diesen Aktiva stehen die Verbindlichkeiten gegenüber.

Die Differenz zwischen den Forderungen und den Verbindlichkeiten wird als Geldvermögen bezeichnet.

Als Saldo zwischen den Aktiva und den Verbindlichkeiten ergibt sich das Reinvermögen.

Wir können die Bilanz auch als Gleichung schreiben:
Sachvermögen SV + Forderungen F = Verbindlichkeiten V + Reinvermögen RV.
Für das Geldvermögen gilt:

$$GV = F - V$$

Also gilt für das Reinvermögen:

$$RV = SV + GV$$

▶ **Definition: Reinvermögen eines Wirtschaftssubjektes**
Das Reinvermögen eines Wirtschaftssubjektes ist stets gleich der Summe aus Sachvermögen und Geldvermögen.

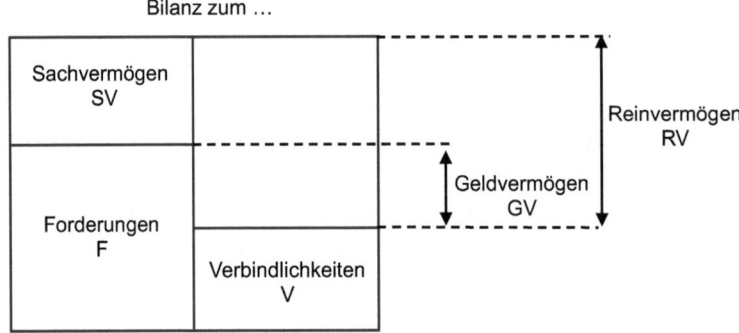

Abb. 1.1 Einzelwirtschaftliche Vermögensrechnung

1.1.1.2 Gesamtwirtschaftliche Vermögensrechnung

Zunächst müssen wir uns klar machen, dass in einer geschlossenen Volkswirtschaft (Volkswirtschaft ohne Auslandsbeziehungen) das Geldvermögen immer null ist. Die Forderung des A an den B ist in identisch gleicher Höhe eine Verbindlichkeit des B gegenüber dem A. Das hat nichts mit irgendwelchen Theorien zu tun, sondern ist denknotwendig. In konsolidierten gesamtwirtschaftlichen Vermögensrechnungen werden die Forderungen und Verbindlichkeiten einer geschlossenen Volkswirtschaft daher nicht aufgeführt, da sie sich zu null addieren. Anders ausgedrückt: Das Reinvermögen (auch: Volksvermögen) einer geschlossenen Volkswirtschaft ist stets gleich dem Sachvermögen.

▶ **Definition: Reinvermögen einer geschlossenen Volkswirtschaft**
Das Reinvermögen einer geschlossenen Volkswirtschaft ist stets gleich dem Sachvermögen.

In einer offenen Volkswirtschaft ist das anders. Hier haben die Wirtschaftssubjekte wirtschaftliche Beziehungen zum Ausland. Es entstehen regelmäßig Forderungen von Inländern an Ausländer F_A und Verbindlichkeiten von Inländern gegenüber Ausländern V_A, die höchstens rein zufällig gleich groß sind. Die Forderungen und Verbindlichkeiten der Inländer untereinander sind stets gleich groß, können also in einer konsolidierten Rechnung weggelassen werden. Also gilt für das Geldvermögen einer offenen Volkswirtschaft:

$$GV_A = F_A - V_A$$

Das Geldvermögen einer offenen Volkswirtschaft heißt Auslandsposition. Ist die Auslandsposition positiv, ist die Volkswirtschaft eine Gläubigernation, umgekehrt eine Schuldnernation. Das Reinvermögen einer offenen Volkswirtschaft ist somit immer gleich der Summe aus Sachvermögen und Auslandsposition.

▶ **Definition: Reinvermögen einer offenen Volkswirtschaft**
Das Reinvermögen einer offenen Volkswirtschaft ist stets gleich der Summe aus dem Sachvermögen und der Auslandsposition.

1.1.2 Vermögensrechnungen und Kreislaufanalyse

Die Angaben in Vermögensrechnungen beziehen sich auf einen bestimmten Zeitpunkt. Solche Größen sind Bestandsgrößen. Im Gegensatz hierzu sind die Rechnungen der Kreislaufanalyse Stromgrößen, die sich auf einen Zeitraum beziehen.

Welcher Zusammenhang besteht nun zwischen den Stromgrößen der Kreislaufanalyse und den Bestandsgrößen in Vermögensrechnungen? Die Stromgrößen der Kreislaufanalyse sind einfach Änderungen der korrespondieren Größen der Vermögensrechnungen. Es gilt:
Bestandsrechnung: $RV = SV + GV$
Stromrechnung: $\Delta RV = \Delta SV + \Delta GV$
$S = I + \Delta GV$
Wir definieren also Ersparnis S als Änderung des Reinvermögens und Investition I als Änderung des Sachvermögens. Die Änderung des Geldvermögens ist ΔGV.

▶ **Definition: Ersparnis**
Ersparnis ist gleich der Änderung des Reinvermögens. Die Ersparnis entspricht immer der Summe aus Investition plus Änderung des Geldvermögens.

Wir verwenden hier den Ausdruck Ersparnis in einem ganz bestimmten Sinne. Leider sind in der Ökonomie mit „Ersparnis" häufig die unterschiedlichsten Dinge gemeint. Andere Bedeutungen als die hier verwendete Definition gehen aus dem jeweiligen Zusammenhang hervor.

1.1.3 Geschlossene Volkswirtschaft ohne Staat

Wir beginnen mit einem einfachen Kreislauf einer geschlossenen Volkswirtschaft ohne Staat. Die Wirtschaftssubjekte in einer solchen Wirtschaft sind die beiden Sektoren Unternehmen und Haushalte.

1.1.3.1 Produktion, Volkseinkommen und Kreislaufschema
Die Unternehmen
Im Sektor Unternehmen geschieht die Produktion von Gütern. Für den Sektor Unternehmen eröffnen wir nun ein leicht modifiziertes konsolidiertes Gewinn-und-Verlust-Konto (GuV-Konto). Durch die Konsolidierung können die Forderungen und Verbindlichkeiten zwischen den Unternehmen weggelassen werden, da sie gleich groß sind.

In dem konsolidierten GuV-Konto werden die Erträge und Aufwendungen des Sektors Unternehmen einander gegenübergestellt. Auf diesem Konto erscheinen die Aufwendungen links und die Erträge erscheinen rechts. Sind die Erträge größer als die Aufwendungen, ergibt sich als Saldo ein Gewinn, anderenfalls ein Verlust. Wir nennen dieses Konto ein gesamtwirtschaftliches Produktionskonto.

Ein gesamtwirtschaftliches Produktionskonto ist in Abb. 1.2 dargestellt.

Auf der linken Seite des gesamtwirtschaftlichen Produktionskontos erscheinen die Aufwendungen und die einbehaltenen Gewinne der Unternehmen. Die Aufwendungen können unterteilt werden in Abschreibungen D und Faktoreinkommen Y. Faktoreinkommen sind

1.1 Kreislaufanalyse

Abb. 1.2 Gesamtwirtschaftliches Produktionskonto

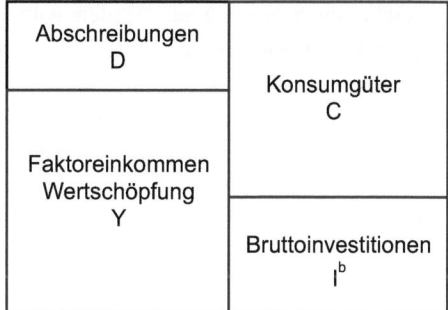

Aufwendungen der Unternehmen für die Inanspruchnahme von Produktionsfaktoren. Die gesamten Faktoreinkommen können unterteilt werden in Faktorentgelte E und einbehaltene Gewinne. Faktorentgelte sind der Teil der Faktoreinkommen, der an die Haushalte fließt (Löhne, Pachten, Mieten, Zinsen und ausgeschüttete Gewinne). Die einbehaltenen Gewinne sind der Teil der Faktoreinkommen, der im Sektor Unternehmen verbleibt und sich als Differenz gegenüber den Erträgen ergibt. Dieser einbehaltene Gewinn ist die Ersparnis der Unternehmen S_U, da dieser einbehaltene Gewinn gemäß der Definition $S = \Delta RV$ das Reinvermögen des Sektors Unternehmen erhöht (oder verringert, falls die Unternehmen Verluste machen). Die gesamten Faktoreinkommen werden auch als Wertschöpfung des Sektors Unternehmen bezeichnet.

Die Erträge erscheinen in dem gesamtwirtschaftlichen Produktionskonto auf der rechten Seite. Die gesamten Erträge sind die produzierten Güter, die vom Sektor Unternehmen hergestellt werden. Die Produktion kann unterteilt werden in die Produktion von Konsumgütern C und die Produktion von Brutto-Investitionsgütern I^b. Netto-Investitionen I^n sind die Brutto-Investitionen abzüglich der Abschreibungen. Diese Netto-Investitionen erscheinen auf der rechten Seite des GuV-Kontos, da sie eine Erhöhung des Sachvermögensbestanders der Unternehmen bedeuten.

▶ **Wir halten fest**
Die rechte Seite des gesamtwirtschaftlichen Produktionskontos enthält die Erträge in Form der Produktion von Konsumgütern und Brutto-Investitionen. Die linke Seite enthält die Aufwendungen in Form der Abschreibungen und der Faktoreinkommen. Der einbehaltene Gewinn ist Teil der Faktoreinkommen und stellt die Entlohnung für die unternehmerische Leistung dar. Der einbehaltene Gewinn ergibt sich als Differenz zu den Erträgen.

Das Volkseinkommen

Wir können nun daran gehen, den Begriff des „Volkseinkommens" exakt zu definieren.

Die gesamtwirtschaftliche Produktion (rechte Seite in Abb. 1.2) wird als Bruttonationaleinkommen bezeichnet. Werden vom Bruttonationaleinkommen die Abschreibungen abgezogen, ergibt sich das Nettonationaleinkommen, welches also aus dem Konsum und den Netto-Investitionen besteht.

In der bisher unterstellten Volkswirtschaft ohne Staat und Ausland ist das Nettonationaleinkommen gleich den gesamten Faktoreinkommen. Da Wertschöpfung nur ein anderer Ausdruck für die gesamten Faktoreinkommen ist, heißt die Wertschöpfung auch Volkseinkommen $VE = Y$.

Das Volkseinkommen kann somit unter drei Gesichtspunkten aufgegliedert werden.

1. Das Volkseinkommen nach der Entstehungsseite entspricht der Summe aller Wertschöpfungen.
2. Das Volkseinkommen nach der Verteilungsseite entspricht der Summe aller Faktoreinkommen.
3. Das Volkseinkommen nach der Verwendungsseite entspricht der Summe aus Konsum und Investitionen (netto).

▶ **Definitionen: Bruttonationaleinkommen, Nettonationaleinkommen, Volkseinkommen**
Bruttonationaleinkommen $BNE = C + I^b$

Nettonationaleinkommen $NNE =$ Volkseinkommen $VE = C + I^n$

$NNE = VE = $ Summe aller Wertschöpfungen $=$ Entstehungsseite

$NNE = VE = E + S_u = $ Verteilungsseite

$NNE = VE = C + I^n = $ Verwendungsseite

Spätestens an dieser Stelle sollten wir uns fragen, wozu dieser ganze Aufwand betrieben wird. Zwei Dinge sind von Bedeutung.

Zum einen ist die Güterproduktion der Quell des materiellen Wohlstands der Bevölkerung. Es geht letztlich um die Ermittlung dieser Produktion an Waren und Dienstleistungen. Und diese Produktion findet man auf der rechten Seite des gesamtwirtschaftlichen Produktionskontos. Die Kreislaufanalyse liefert eine halbwegs zuverlässige Information über Umfang, Verteilung und Verwendung dieser wichtigen Größe.

Zum anderen wird durch die Kenntnis dieser Produktion die staatliche Wirtschaftspolitik in die Lage versetzt, geeignete Maßnahmen zu ergreifen, falls sich hier Fehlentwicklungen abzeichnen.

Die Haushalte

Wir wenden uns nun dem anderen Sektor in unserem Kreislauf zu, nämlich den Haushalten. Die Haushalte sind Anbieter von Produktionsfaktoren und erzielen dadurch ein Einkommen E. Dieses Einkommen können sie entweder verbrauchen für Konsumgüter C oder zur Bildung von Ersparnissen S_H nutzen.

Kreislaufdarstellungen

Das Bild eines Kreislaufs beruht auf der Tatsache, dass jede wirtschaftliche Transaktion zwei Seiten hat. Anders ausgedrückt: Die Einnahmen des einen sind die Ausgaben des anderen.

Bei der Interpretation solcher Kreislaufdarstellungen ist allerdings Vorsicht geboten. Solche Abbildungen sind nichts anderes als Kontensysteme unter Beachtung der Grundsätze der doppelten Buchführung. Lediglich die Darstellung geschieht nun nicht in Form von Konten, sondern in Form von Kästchen, die die Konten darstellen, und die Pfeilrichtungen entsprechen den Buchungssätzen. Das Prinzip der doppelten Buchhaltung bedeutet hierbei, dass die Summe der Pfeile, die in einen Sektor hineingehen, gleich sein muss der Summe der Pfeile, die aus diesem Sektor herausgehen.

Verdeutlichen wir uns das Prinzip am Sektor Unternehmen. Das Kästchen Unternehmen ist nichts anderes als das gesamtwirtschaftliche Produktionskonto aus Abb. 1.2. Also stehen auf der rechten Seite (Pfeile in das Konto hinein) der Konsum und die Nettoinvestition (Bruttoinvestitionen abzüglich Abschreibungen). Und auf der linken Seite (Pfeile aus dem Konto heraus) stehen die gesamten Faktoreinkommen, bestehend aus Faktorentgelten und einbehaltenen Gewinnen. Die beiden Summen müssen gleich groß sein, da der einbehaltene Gewinn definiert ist als die Summe aller produzierten Güter (Konsum und Nettoinvestition) abzüglich der Faktorentgelte.

Vermögensänderungskonto

Zur Komplettierung des Kreislaufs fehlt allerdings noch ein Kästchen für die Vermögensänderung. Denn die Tatsache, dass die Unternehmen und die Haushalte auch Ersparnisse bilden, ist gleichbedeutend damit, dass sich das Reinvermögen ändert. Auf diesem Vermögensänderungskonto wird die gesamtwirtschaftliche Ersparnis auf die Ersparnisse der Unternehmen und Haushalte aufgeteilt.

Kreislauf einer geschlossenen Volkswirtschaft ohne Staat

Nun sind wir in der Lage, unsere Volkswirtschaft in Form eines Kreislaufs darzustellen. Der Wirtschaftskreislauf mit einem Zahlenbeispiel ist in Abb. 1.3 dargestellt.

Die Unternehmen liefern Konsumgüter an die Haushalte und erzielen dadurch Erträge in Höhe von $C = 255$. Die Unternehmen stellen Investitionsgüter (netto) her, was den Sachvermögensbestand der Unternehmen erhöht in Höhe von $I^n = 50$. Die Unternehmen leisten Faktorentgelte an die Haushalte von $E = 300$. Folglich ist der einbehaltene Gewinn der Unternehmen (Erträge − Faktorentgelte) $= 255 + 50 - 300 = 305 - 300 = 5 = S_U$. Der einbehaltene Gewinn S_U wird als Ersparnis der Unternehmen auf das Vermögensänderungskonto gebucht.

Die Haushalte erzielen ein Einkommen von $E = 300$ und geben $C = 255$ für Konsum aus. Die Haushalte haben folglich eine Ersparnis von $S_H = 300 - 255 = 45$. Die Ersparnis S_H wird auf das Vermögensänderungskonto gebucht.

Aufgrund des Kreislaufzusammenhangs ergibt sich:

Volkseinkommen (NNE) nach der Verwendungsseite $= Y = C + I^n = 255 + 50 = 305$

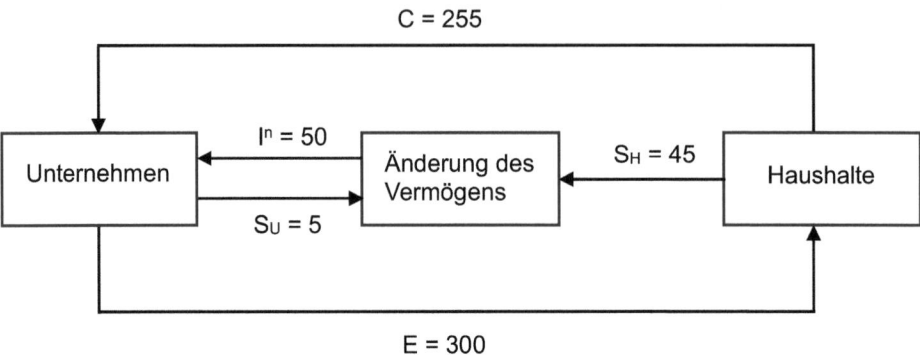

Abb. 1.3 Kreislaufschema einer geschlossenen Volkswirtschaft ohne Staat

Volkseinkommen (NNE) nach der Verteilungsseite $= Y = E + S_U = 300 + 5 = 305$

Man sieht: Die Berechnung des Volkseinkommens führt nach der Verwendungsseite und nach der Verteilungsseite zum gleichen Ergebnis.

1.1.3.2 Sparen und Investition – Warum gilt stets S = I?

In dem Vermögensänderungskonto stehen die Investition auf der linken Seite und die Ersparnisse auf der rechten Seite. Damit wird eigentlich schon deutlich, dass die gesamtwirtschaftliche Ersparnis immer gleich der Investition (netto) sein muss. Anders ausgedrückt: In einer Volkswirtschaft (ohne Staat und Ausland) ist das Volkseinkommen nach der Verwendungsseite $Y = C + I^n$. Die gesamtwirtschaftliche Ersparnis ist der Teil des Volkseinkommens, der nicht verbraucht wird. Es gilt also stets $S = Y\text{-}C = I^n$.

▶ **Definition: Ersparnis in einer geschlossenen Volkswirtschaft**
In einer geschlossenen Volkswirtschaft ist die Ersparnis gleich der Investition (netto).

Das ist zwar unstrittig richtig, aber hinterlässt bei einem unverbildeten Menschen den schalen Beigeschmack des Unverständnisses. Wieso, fragt sich dieser Mensch, muss eigentlich zwangsweise dann, wenn ich spare, sozusagen automatisch auch gleichzeitig investiert werden? In manchen Lehrbüchern wird in diesem Zusammenhang das Vermögensänderungskonto (Abb. 1.3) als „Bank" interpretiert, in die die Ersparnisse hineinfließen und die Investitionen herauskommen. Diese Art der Kreislaufdarstellung trägt nicht gerade zu einem tieferen Verständnis volkswirtschaftlicher Zusammenhänge bei.

Wir wollen daher hier eine andere Darstellung wählen. Wir erweitern die Analyse um die Änderung der Geldvermögensbestände, die bei den Haushalten und Unternehmen zwangsweise anfallen.

1.1 Kreislaufanalyse

Wir kehren zurück zu Abb. 1.3 und konzentrieren uns auf die Differenz zwischen Ersparnis und Investition im Sektor Unternehmen. Dort beträgt die Ersparnis der Unternehmen $S_U = 5$ und die Investitionen sind $I^n = 50$. Was bedeutet das für den Bestand an Geldvermögen der Unternehmen? Wenn die Unternehmen einbehaltene Gewinne von $S_U = 5$ haben, und die Investition beträgt $I^n = 50$, dann ist das gleichbedeutend damit, dass die Unternehmen Fremdkapital aufnehmen müssen in Höhe 5-50 = -45. Der einbehaltene Gewinn reicht nicht zur vollständigen Finanzierung der Investition. Anders ausgedrückt: Die Änderung des Geldvermögensbestandes der Unternehmen ist $\Delta GV_U = -45$. Diese Änderung des Geldvermögensbestandes ist der Finanzierungssaldo FS_U. Die Unternehmen haben also in diesem Beispiel ein Finanzierungsdefizit von $FS_U = -45$, da der einbehaltene Gewinn zu niedrig ist für eine vollständige Eigenfinanzierung der Investition.

▶ **Definition: Finanzierungssaldo**
Der Finanzierungssaldo ist gleich der Änderung des Geldvermögens. Der Finanzierungssaldo entspricht der Ersparnis abzüglich der Netto-Investition.
  Es gilt: $FS = \Delta GV = S - I^n$.

Nun zu den Haushalten. Auch hier konzentrieren wir uns auf die Differenz zwischen Ersparnis und Investition, jetzt im Sektor Haushalte. Die Ersparnis der Haushalte ist $S_H = 45$. Investitionen fallen keine an. Investitionen werden ausschließlich den Unternehmen zugerechnet. Die Änderung des Geldvermögensbestandes der Haushalte ist somit in voller Höhe gleich der Ersparnis $S_H = \Delta GV_H = 45$. Die Haushalte realisieren in diesem Beispiel einen Finanzierungsüberschuss $FS_H = 45$.

Das Finanzierungsdefizit der Unternehmen kann als Angebot an Geldvermögen bzw. als Nachfrage nach Ersparnis interpretiert werden. Dagegen ist der Finanzierungsüberschuss der Haushalte eine Nachfrage nach Geldvermögen bzw. ein Angebot an Ersparnis.

Die Summe der Finanzierungssalden ist offensichtlich $FS_U + FS_H = -45 + 45 = 0$. Das hat nichts mit irgendwelchen Theorien zu tun, sondern gilt immer. Es ist schlicht denkunmöglich, dass irgendjemand eine Forderung realisiert, ohne dass dazu eine genau gleich große Verbindlichkeit existiert.

▶ **Wir halten fest**
    In einer geschlossenen Volkswirtschaft ist die Summe aller Finanzierungssalden immer null.

Wir können also für eine geschlossene Volkswirtschaft wie folgt formulieren:
  Es gilt die Bilanzidentität (zur Vereinfachung setzen wir $I = I^n$):
  Finanzierungssaldo FS = Ersparnis S - Investition I (vgl. Definition des Finanzierungssaldos) oder: $S = I + FS$

Für die Unternehmen gilt: $S_U = I + FS_U$
Typisch für eine geschlossene Volkswirtschaft sind Finanzierungsdefizite:
$I > S_U$; also $FS_U < 0$
Für die Haushalte gilt: $S_H = I + FS_H$
$S_H = 0 + FS_H$
Typisch sind Finanzierungsüberschüsse:
$S_H = FS_H > 0$

Gesamte Volkswirtschaft: $S = I + FS_U + FS_H = I$; wegen $\Sigma FS = 0$

▶ **Wir halten fest**
Die Gleichheit von Ersparnis und Investition ist nur eine andere Formulierung dafür, dass Forderungen und Verbindlichkeiten in einer geschlossenen Volkswirtschaft sich zwangsweise gegeneinander aufheben.

Nun hat allerdings diese Darstellung einen elementaren Mangel. Es handelt sich um eine geschlossene Volkswirtschaft. Für eine offene Volkswirtschaft ist der gesamtwirtschaftliche Finanzierungssaldo gegenüber dem Ausland FS_A regelmäßig von null verschieden, je nachdem ob das Land im Außenwirtschaftsverkehr netto Forderungen oder Schulden gegenüber dem Ausland aufbaut. Die gesamtwirtschaftliche Ersparnis ergibt sich dann national zu $S = I + FS_A$, wobei FS_A dem Leistungsbilanzsaldo in der Zahlungsbilanz entspricht (dazu später genauer in Abschn. 1.3 bei der Behandlung der Zahlungsbilanz). Weltweit muss dann wieder gelten, dass die Summe aller Leistungsbilanzsalden null ergeben muss. Jeder Export eines Landes muss identisch gleich groß sein wie die Importe des Auslands.

▶ **Definition: Ersparnis in einer offenen Volkswirtschaft**
In einer offenen Volkswirtschaft ist die Ersparnis gleich der Summe aus Investition und Leistungsbilanzsaldo.

1.1.3.3 Ist Sparen gut oder schlecht?
In unserer bisherigen Darstellung des Kreislaufs war der Blick in die Vergangenheit gerichtet. Die Darstellung war eine Ex-post-Analyse. Was ist damit gemeint?
  Ex-post finden nur tatsächlich realisierte Transaktionen statt. In der Vergangenheit (Ex-post) hat sich für die Wirtschaftssubjekte herausgestellt, dass viele Transaktionen realisiert werden konnten. Aber nicht alle Transaktionen konnten verwirklicht werden. Jede wirtschaftliche Transaktion ist zweiseitig. Man braucht einen Tauschpartner. Um Einkommen zu erzielen, braucht man einen Arbeitsplatz. Um zu konsumieren, braucht man einen Verkäufer usw.

Das führt uns zu einer anderen Methode, der sog. Ex-ante-Analyse. Der Blick ist hierbei auf die Zukunft gerichtet. In der Ex-ante-Analyse sind wirtschaftliche Transaktionen zunächst nur geplante Größen, die nicht unbedingt realisiert werden können. Bei dezentralen Entscheidungsprozessen sind solche Plangrößen nicht aufeinander abgestimmt, d. h. sie passen – wenn überhaupt – höchstens rein zufällig zusammen. Es kommt regelmäßig zu Enttäuschungen. Pläne müssen revidiert werden. Anpassungsprozesse finden statt.

Wir ändern jetzt die Vorgehensweise in Richtung einer Ex-ante-Analyse. Wir nehmen an, dass die Haushalte nicht mehr eine Ersparnis von $S_H = 45$ realisieren (Abb. 1.3), sondern jetzt 50 sparen wollen und das auch realisieren.

Was wird passieren?

Wir bewegen uns im undankbaren Gefilde ökonomischer Prognosen. Aber auch hier geht es nicht völlig willkürlich zu. Es gelten einige unumstößliche Tatschen. Eine Ersparnis der Haushalte von jetzt $S_H = 50$ bedeutet bei gleichem Einkommen E, dass der Konsum reduziert werden muss. Es ist schlicht denkunmöglich, bei gleichem Einkommen die Ersparnis zu erhöhen, ohne den Konsum einzuschränken. Also wird der Konsum sinken auf 250 anstatt bisher 255.

Das wird Rückwirkungen auf die Unternehmen haben. Bei gleichen Investitionen von $I^n = 50$ bedeutet das, dass die Unternehmen keine Gewinne mehr machen. In das Vermögensänderungskonto (Abb. 1.3) gehen jetzt $S_H = 50$ hinein und $I^n = 50$ heraus. Es ist unmöglich, dass die Unternehmen E = 300 zahlen müssen, C = 250 Erlöse aus Konsumgüterverkäufen erzielen, $I^n = 50$ investieren und dann auch noch positive Gewinne machen. Der einbehaltene Gewinn muss sich als $S_U = 0$ ergeben. Die Unternehmen stellen am Ende der Periode fest, dass sie keine Gewinne gemacht haben. Anders ausgedrückt: Bei dieser Konstellation müssen die Investitionen $I^n = 50$ in voller Höhe durch Fremdkapitalaufnahme finanziert worden sein.

Der Ansatz von Keynes
Wir können an dieser Stelle erstmals in unseren Überlegungen einen Ausflug in die volkswirtschaftliche Modell-Welt wagen. Der Ökonom John M. Keynes schrieb 1936 ein Buch mit dem Titel „The General Theory of Employment, Interest, and Money". Das Problem war zu dieser Zeit die Weltwirtschaftskrise mit Millionenheeren von Arbeitslosen. In dieser keynesianischen Theorie steht die gesamtwirtschaftliche Nachfrage ganz im Zentrum der Analyse.

Die gesamtwirtschaftliche Nachfrage ist in unserem Kreislauf die Summe aus Konsum + Investition (netto). Diese Nachfrage nach Gütern nimmt von bisher $255 + 50 = 305$ (Abb. 1.3) ab auf jetzt $250 + 50 = 300$. Wenn wir weiterhin annehmen, dass die Kapazitätsgrenze der Volkswirtschaft mit Vollbeschäftigung höher ist, z. Bsp. bei $Y_V = 310$ liegt, dann ist eine Nachfrage von 300 nicht ausreichend zur Sicherung der Vollbeschäftigung. Die Volkswirtschaft verharrt in einem sog. Unterbeschäftigungsgleichgewicht. Die Nachfrage nach Gütern reicht nicht aus zur Sicherung der Vollbeschäftigung. Das einzig taugliche Mittel ist eine aktive Wirtschaftspolitik durch den Staat.

Untersuchen wir unseren Fall mit der zunehmenden Ersparnis weiter. Es kommt sogar noch schlimmer. Da die Erlöse aus Konsumgüterverkäufen gesunken sind, ist es wahrscheinlich, dass die Investitionen wegen pessimistischer Absatzerwartungen sinken werden auf z. B. $I^n = 40$. Das hat aber bei $S_H = 50$ zur Wirkung, dass die Unternehmer nicht nur keine Gewinne mehr machen, sondern die Gewinne sogar in Richtung Verluste drehen auf $S_U = -10$. Denn die Nachfrage nach Konsumgütern sinkt und die Nachfrage nach Investitionsgütern sinkt auch noch. Folglich wird die Arbeitslosigkeit weiter steigen.

Summa summarum: Die Gesamtnachfrage nach Konsum- und Investitionsgütern sinkt, die Arbeitslosigkeit steigt, die Wirtschaft rutscht in eine Rezession. Die Ursache für diese negative Entwicklung ist ein Mangel an gesamtwirtschaftlicher Nachfrage nach Gütern. Schuld an der ganzen Misere ist die Zunahme der Ersparnisse der Haushalte.

▶ **Fazit**
Sparen ist schlecht, weil Sparen einen Rückgang der gesamtwirtschaftlichen Nachfrage bedeutet.

Aber das ist nicht zwingend. Ausgangspunkt des ökonomischen Schocks ist, dass die Haushalte nicht mehr eine Ersparnis von ursprünglich $S_H = 45$ realisieren (Abb. 1.3), sondern jetzt 50 sparen wollen. Erinnern wir uns an die Darstellung der I-S-Identität mit den Finanzierungssalden (wie oben in Abschnitt „Sparen und Investition – Warum gilt stets S = I?" erläutert). Die Haushalte planen jetzt einen Finanzierungsüberschuss von $FS_H = 50$, und die Unternehmen planen ein Finanzierungsdefizit von $FS_U = -45$. Die zu der keynesianischen Analyse konkurrierende Analyse besteht jetzt darin, dass nicht die Investitionen exogen sind mit der Folge eines Gewinns von null, sondern dass der übergewichtige Finanzierungsüberschuss der Haushalte Zinssenkungen auslöst, die positiv auf die Investitionen wirken. Während bei Keynes die Ersparnis der Haushalte als Restgröße (Einkommen – Konsum) nur vom Einkommen abhängt, übt diese Ersparnis jetzt via Finanzierungsüberschuss und dadurch ausgelöste Zinssenkung einen heilsamen Einfluss auf die Investitionen aus. Wie stark dieser Zinssenkungseffekt auf die Investitionen wirkt, hängt von der Elastizität der Investitionsnachfrage ab. Wir nehmen an, dass die Investitionen von ursprünglich $I^n = 50$ auf jetzt 60 ansteigen (wir treffen diese Annahme, um den Unterschied zu dem keynesianischen Fall deutlich herauszuarbeiten). Wenn jedoch in das Vermögensänderungskonto jetzt $S_H = 50$ hineingehen, und $I^n = 60$ herausgehen, dann müssen die einbehaltenen Gewinne $S_U = 10$ sein. Die Gewinne sinken also nicht auf null (wie im keynesianischen Fall), sondern steigen deutlich an. Wir haben einen Fall sich wechselseitig selbst finanzierender Investitionen vor uns.

Der Verbrauch ist jetzt $C = 250$ und die Investitionen sind jetzt $I^n = 60$. Dieses Vollbeschäftigungseinkommen in Höhe von $Y_V = 310$ wird jetzt als Angebot an Gütern interpretiert, an das sich die Nachfrage anpasst. Die Nachfrage spielt hier eine mehr passive Rolle, die auf das Angebot reagiert. Dies ist der Ansatz der sog. Klassik mit der Botschaft „Das Angebot schafft sich seine Nachfrage". Modelltheoretisch ist $C = 250$

der Konsum, und der Rest bis zur Erreichung der Vollbeschäftigung wird eben von den „Reichen" über den Zinsmechanismus gewissermaßen automatisch gespart, sprich investiert. Die Vollbeschäftigung ist über kurz oder lang immer gesichert, die Volkswirtschaft überwindet von sich aus jede Krise, staatliche Wirtschaftspolitik ist unnötig bis schädlich.

▶ **Fazit**
Sparen ist gut, weil Sparen die Investitionen stärkt.

Nun ist natürlich – nach Keynes und Klassik – auch noch ein dritter Fall möglich. Die Wirtschaftssubjekte in unserer Volkswirtschaft entwickeln sich zu Arbeitstieren. Sie wollen mehr sparen ($S_H = 50$), aber nicht auf Konsum verzichten, d. h. der Konsum bleibt konstant $C = 255$. Also müssen sie mehr Einkommen erzielen in Höhe von $E = 305$. Die große Frage ist jetzt, wie die Unternehmen mit den Investitionen hierauf reagieren. Es ist möglich, dass die Unternehmen die Arbeitswut der Arbeitnehmer positiv werten und die Investitionen hochfahren auf $I^n = 55$, um den einbehaltenen Gewinn konstant auf $S_U = 5$ zu halten. Das Volkseinkommen steigt auf $Y_V = 310$. Wir haben eine Art einkommens- und konsuminduzierten Boom vorliegen. Dieser Fall ist insofern der Klassik ähnlich, als auch hier die Investitionen steigen. Im vorliegenden Fall steigen die Investitionen an auf 55, im Fall der Klassik auf 60, und im Keynesianismus sinken die Investitionen auf 50 oder gar auf 40.

Im vorliegenden Fall werten die Unternehmen die Arbeitswut der Arbeitnehmer positiv und investieren mehr, der Fall der Klassik hat den Charme der Anpassung via Zinsmechanismus mit steigenden Investitionen für sich, und Keynes ist der Fall der Rezession mit pessimistischen Absatzerwartungen und sinkenden Investitionen. Die Investitionen scheinen der neuralgische Punkt in der Makroökonomik zu sein.

Wer hat Recht? Keynes oder die Klassik?

Wir wollen diese Frage hier nicht weiter vertiefen. Wir haben diese Fragestellung nur benutzt, um ein tieferes Verständnis für die Methodik der Kreislaufanalyse zu wecken. In den folgenden Kapiteln werden wir diese Zusammenhänge bei der Behandlung der diversen makroökonomischen Modelle näher erläutern.

Wir kehren zurück zu der Kreislaufanalyse. Die Sektoren Staat und Ausland fehlen noch in unserer Darstellung.

1.1.4 Staat und Ausland

Das Prinzip der Kreislaufanalyse wurde in Abschn. 1.1.3 für eine Zwei-Sektoren-Wirtschaft mit Unternehmen und Haushalten ausführlich erläutert. Wir halten eine detaillierte Darstellung der noch fehlenden Sektoren Staat und Ausland nicht für notwendig. Das Prinzip ist das Gleiche wie bisher. Es geht wiederum um die gleiche Frage:

Was tragen – jetzt zusätzlich – die Sektoren Staat und Ausland in einer nationalen Volkswirtschaft bei zur Produktion an Gütern?

Der Staat

Auch der Staat trägt zur gesamtwirtschaftlichen Produktion bei durch Investition und Konsum. Die Investitionen des Staates werden – wie generell alle Investitionen – auf dem gesamtwirtschaftlichen Produktionskonto als Bruttoinvestitionen des Staates auf die rechte Seite gebucht. Die staatlichen Dienstleistungen wie Verwaltungen, Rechtspflege, Schulwesen, Verteidigung usw. sind der Staatskonsum (Staatsverbrauch G). Das Problem besteht darin, dass diese Dienstleistungen ganz überwiegend unentgeltlich zur Verfügung gestellt werden. Da keine Marktpreise existieren, wird dieser Staatsverbrauch G einfach zu Herstellkosten bewertet. Insgesamt heißt jetzt – nach der noch folgenden Einbeziehung des Auslands – die entsprechende Größe Bruttoinlandsprodukt (BIP), da der Beitrag des Staates zur Produktion der im Inland erzeugten Güter ermittelt wird.

Das Ausland

Der Export inländischer Unternehmen wird als Erlöskomponente ebenfalls rechts auf das gesamtwirtschaftliche Produktionskonto gebucht. Die Importe stammen nicht aus inländischer Produktion und müssen daher abgezogen werden. Die Differenz (Exporte X – Importe Q) = NX ist der Außenbeitrag.

Es gilt also für die offene Volkswirtschaft mit Staat:

$$BIP = C + I + G + (X - Q)$$

Diese Gleichung zieht sich wie ein roter Faden durch die gesamte Makroökonomik.

1.1.5 BIP und verwandte Größen am Beispiel Deutschland

Wir sind jetzt in der Lage, ein Gesamtbild der VGR (Volkswirtschaftliche Gesamtrechnung) zu formulieren. Die VGR-Tabellen basieren auf den bereits oben angesprochenen Definitionen der drei Berechnungsmethoden des Volkseinkommens. Volkswirtschaftliche Gesamtrechnungen werden mit empirischen Daten veröffentlicht vom Statistischen Bundesamt.

Das Bruttoinlandsprodukt und verwandte Größen sind für Deutschland in Form einer Säulen-Darstellung in Abb. 1.4 dargestellt (Statistisches Bundesamt, 2022, S. 9).

In dem ersten Kasten von links ist das BIP nach der Entstehung aufgegliedert. Der Ausdruck „Sektoren" hat hier eine andere Bedeutung als die Sektoren in der Kreislaufanalyse. Der Primäre Sektor ist die Landwirtschaft, Forstwirtschaft und Fischerei. Dieser Sektor ist inzwischen völlig unbedeutend. Der Sekundäre Sektor ist die Industrie, die

1.1 Kreislaufanalyse

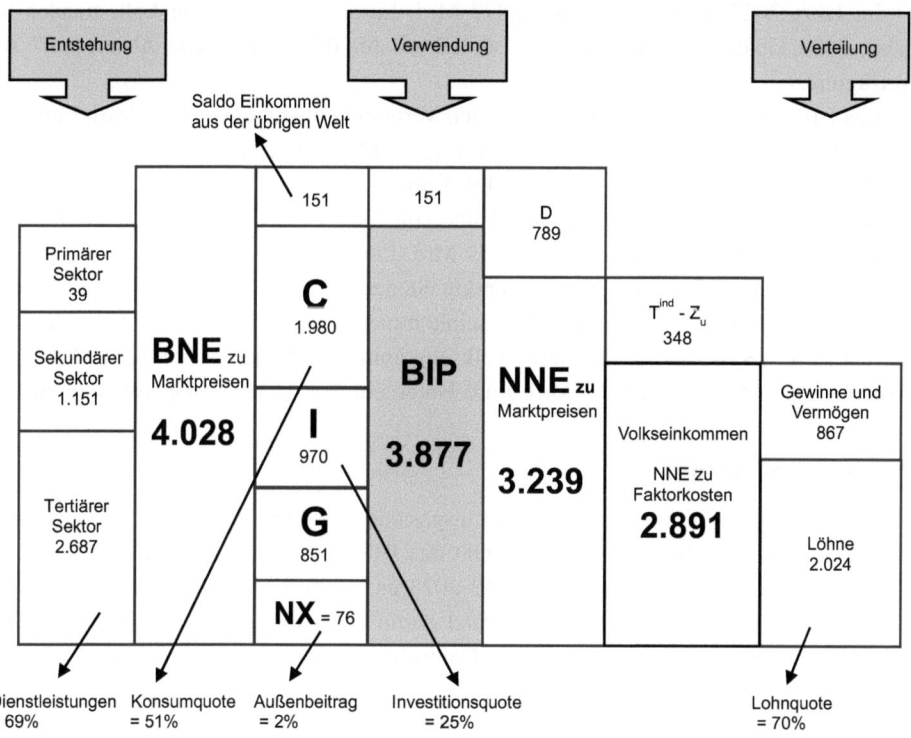

Quelle: Statistisches Bundesamt, VGRen, 30.08.2023.

Abb. 1.4 Bruttoinlandsprodukt und verwandte Größen für Deutschland 2022 (Mrd. Euro)

heute auch nur noch ca. 30 % zum BIP beiträgt. Der größte Sektor ist der Tertiäre Sektor, die Dienstleistungen, die ca. 69 % der Wertschöpfung zum BIP beitragen.

Unter Einbeziehung der Primäreinkommen mit der übrigen Welt in Höhe von 151 Mrd. Euro ergibt sich ein Bruttonationaleinkommen BNE von 4028 Mrd. Euro.

Das BIP (Abb. 1.4, grauer Kasten in der Mitte) ist die im Inland erzeugte Produktion an Waren und Dienstleistungen. Dieses BIP ist die gesamtwirtschaftliche Nachfrage (auch: BIP nach der Verwendungsseite).

▶ **Definition: Gesamtwirtschaftliche Nachfrage**
Die gesamtwirtschaftliche Nachfrage wird gemessen am BIP nach der Verwendungsseite.

$$BIP = C + I + G + NX$$

Bruttoinlandsprodukt = Privater Verbrauch + Investitionen (brutto) + Staatskonsum + Außenbeitrag

Im Jahre 2022 betrug dieses BIP 3877 Mrd. Euro. Dem deutschen Volk standen im Jahre 2022 Güter im Wert von 3877 Mrd. Euro für die „inländische Absorption" zur Verfügung.

Das BIP wird 2022 verwendet für privaten Verbrauch in Höhe von 1980 Mrd. Euro, für Brutto-Investitionen in Höhe von 970 Mrd. Euro, für Staatskonsum in Höhe von 851 Mrd. Euro und der Außenbeitrag beträgt 76 Mrd. Euro.

Abzüglich der Abschreibungen D in Höhe von 789 Mrd. Euro beträgt das Nettonationaleinkommen zu Marktpreisen NNE 3239 Mrd. Euro.

Vom NNE sind 348 Mrd. Euro indirekte Steuern T^{ind} (abzüglich der Subventionen Z_U) an den Staat abzuführen. Das Volkseinkommen VE (auch: NNE zu Faktorkosten) beträgt somit 2891 Mrd. Euro. Dieses Volkseinkommen teilt sich auf in 2024 Mrd. Euro Arbeitnehmerentgelt und in 867 Mrd. Euro Unternehmens- und Vermögenseinkommen.

Zusammenfassung

Das BIP ist die Summe der im Inland insgesamt erzeugten Produktion an Waren und Dienstleistungen. In Deutschland beträgt das BIP in 2022 ca. 3900 Mrd. Euro. Laut einschlägigen Prognosen wird das BIP 2023 ca. 4200 Mrd. Euro betragen. In internationalen Vergleichen liegt Deutschland damit unter den ersten 20 von knapp 200 Nationen. Die Verwendung des BIP in Deutschland teilt sich im längerfristigen Durchschnitt grob auf in ca. 50 % privaten Konsum, jeweils ca. 23 % Brutto-Investitionen und Staatskonsum und ca. 4 % Außenbeitrag.

1.2 Finanzierungsrechnung

Die Finanzierungsrechnung basiert auf der folgenden Beziehung:

Ersparnis = Netto-Investition + Finanzierungssaldo.

Wir haben die Definition des Finanzierungssaldos bereits oben in dem Abschnitt „Sparen und Investition – Warum gilt stets S = I?" kennengelernt. Diese Definition greifen wir jetzt wieder auf und wenden sie auf die vier Sektoren Unternehmen, Haushalte, Staat und Ausland an.

Wenn bei konsolidierter Finanzierungsrechnung in einem Sektor eine Differenz zwischen Ersparnis S und Investition (netto) I auftritt, dann bedeutet das einen Finanzierungsüberschuss (S > I) bzw. ein Finanzierungsdefizit (S < I). Wenn die Summe aller inländischen Finanzierungssalden grösser null ist, dann muss – da die Finanzierungssalden weltweit zwangsweise null ergeben müssen – dieses Inland gegenüber dem Ausland einen gleich großen Finanzierungsüberschuss ausweisen. Analysieren wir diese Zusammenhänge am Beispiel Deutschlands.

1.2.1 Finanzierungsrechnung Deutschlands 2017–2022

Die Finanzierungsrechnung weist die Ersparnis, die Netto-Investition und den Finanzierungssaldo für die vier Sektoren Haushalte, Unternehmen, Staat und Ausland aus. Eine Finanzierungsrechnung für Deutschland mit empirischen Daten wird regelmäßig von der Deutschen Bundesbank veröffentlicht (Deutsche Bundesbank, 2023b).

Die konsolidierte Finanzierungsrechnung Deutschlands für die Jahre 2017 bis 2022 ist in Tab. 1.1 dargestellt.

In der ersten Spalte stehen H, U, St und A für die vier Sektoren Haushalte, Unternehmen, Staat und Ausland.

In der Jahres-Zeile 2017 bis 2022 stehen die konsolidierten Beträge in Mrd. Euro der jeweiligen Sektoren.

Tab. 1.1 Finanzierungsrechnung (konsolidiert, Mrd. Euro). (Quelle: Deutsche Bundesbank 2023b), Netto-Investitionen der Haushalte einschl. private Organisationen ohne Erwerbszweck; Sektor Unternehmen einschl. finanzielle Kapitalgesellschaften)

	2017	2018	2019	2020	2021	2022
Ersparnis						
H	211	226	230	341	325	259
U	104	99	99	116	197	153
St	42	68	57	-137	-130	-101
A	-254	-268	-261	-229	-261	-133
Σ	103	125	125	91	131	178
Netto-Investition						
H	34	37	34	34	44	50
U	70	86	87	47	83	128
St	-1	2	4	10	4	-0
A	-	-	-	-	-	-
Σ	103	125	125	91	131	178
Finanzierungssaldo						
H	177	189	196	307	281	209
U	34	13	12	69	114	25
St	43	66	53	-147	-134	-101
A	-254	-268	-261	-229	-261	-133
Σ	0	0	0	0	0	0

Finanzierungsrechnung
Die Zahlen sind mit Vorsicht zu genießen. In den Ursprungstabellen der Bundesbank sind nicht unerhebliche „Statistische Differenzen" enthalten, die in der Tab. 1.1 nicht enthalten sind. Die Finanzierungssalden (Tab. 1.1, letzter Kasten) sind von der Bundesbank einfach als Differenz zwischen Ersparnis und Netto-Investition ermittelt worden.

Versuchen wir, in dieses Zahlenwirrwarr eine gewisse Ordnung zu bringen. Es wird sich herausstellen, dass es hier einige wenige systematische Eigenheiten gibt.

1.2.2 Die Haushalte

Beginnen wir mit den Haushalten.

Die deutschen Haushalte sind Weltmeister im Sparen. Wir haben durchweg Milliardenbeträge an Haushaltsersparnissen vorliegen (Tab. 1.1, erster Kasten). In dem Zeitraum 2020 bis 2022 erreichen die Haushaltsersparnisse während und nach der Corona-Pandemie einsame Höhepunkte (Ökonomen nennen so etwas wie die Corona-Pandemie euphemistisch einen „Angebotsschock"). Abzüglich der Investition (zu den Haushalten zählen auch private Organisationen ohne Erwerbszweck mit Investition) ergeben sich daraus auch Milliardenbeträge von Finanzierungsüberschüssen (Tab. 1.1, letzter Kasten).

▶ **Wir halten fest**
Die Haushalte realisieren durchweg hohe Finanzierungsüberschüsse.

1.2.3 Die Unternehmen

Kommen wir zu den Unternehmen. Hier sind drei Dinge festzustellen.

1. Die Investitionen der Unternehmen sind hochgradig prozyklisch. In dem Zeitraum 2017 bis 2020 befand sich die deutsche Wirtschaft in einem Abschwung. 2017 begann die deutsche Wirtschaft zu schwächeln und erreichte 2020 den Tiefpunkt des Abschwungs während der Corona-Pandemie. Die Investition der Unternehmen sank von 70 Mrd. Euro in 2017 auf 47 Mrd. Euro in 2020. In dem Zeitraum 2021 bis 2022 folgte ein Aufschwung, der allerdings durch die Energiekrise schon 2022 wieder in einen Abschwung mündete. Die Investition der Unternehmen stieg von 83 Mrd. Euro auf 128 Mrd. Euro. Die Investitionen der Unternehmen sind eine sehr nervöse Größe und reagieren auf die jeweilige Konjunktursituation geradezu allergisch.

1.2 Finanzierungsrechnung

2. Die Ersparnis der Unternehmen (die Gewinne; Tab. 1.1, erster Kasten) ist größer als die Investition (Tab. 1.1, mittlerer Kasten). Die Folge davon ist, dass auch die Finanzierungssalden der Unternehmen – neben den ebenfalls positiven Finanzierungssalden der Haushalte – positiv ausfallen (Tab. 1.1, letzter Kasten).

Finanzierungsrechnung der Unternehmen
Normalerweise ist das umgekehrt. Normalerweise hat der Sektor Unternehmen wegen reger Investitionstätigkeit Finanzierungsdefizite. Insofern ist die letzte Veröffentlichung der Bundesbank der Finanzierungsrechnung vom Juni 2023 mit dem Zeitraum 2017 bis 2022 ein Sonderfall, der nicht verallgemeinert werden darf.

3. Die relativ hohen Ersparnisse der Unternehmen sind verzerrt. Sie bestehen zu einem erheblichen Teil aus Vermögensübertragungen (sprich: Subventionen). 2022 z. Bsp. waren von den 153 Mrd. Ersparnis (Tab. 1.1, erster Kasten) 55 Mrd. Subventionen.

▶ **Wir halten fest**
Die Investitionen der Unternehmen verhalten sich ausgeprägt prozyklisch. Im Zeitraum 2017 bis 2022 sind die Investitionen geringer als die mit Subventionen aufgehübschten Ersparnisse. Im Ergebnis realisieren auch die Unternehmen Finanzierungsüberschüsse, die allerdings niedriger ausfallen als die der Haushalte.

Wir haben jetzt also schon zwei der drei inländischen Sektoren, die beide Finanzierungsüberschüsse realisieren. Wer hat eigentlich die dazu gehörenden Verbindlichkeiten?

1.2.4 Der Staat

Kommen wir letztlich zum Staat, dem dritten Sektor mit inländischen Finanzierungssalden.

Das Bild ist hier gemischt. Der Staat hat bis einschließlich 2019 positive Ersparnisse und ab 2020 infolge der Corona-Pandemie ausgeprägte negative Werte bei der Ersparnis wegen der Subventionen an die Haushalte und Unternehmen (Tab. 1.1, erster Kasten). Die Netto-Investitionen sind nach wie vor nicht besonders hoch. Also schlagen diese Ersparnisse durch zu den Finanzierungssalden (Tab. 1.1, letzter Kasten). Jedoch sind die Finanzierungsdefizite dem Betrag nach niedriger als die Finanzierungsüberschüsse der Haushalte und Unternehmen zusammen (Tab. 1.1, letzter Kasten).

▶ **Wir halten fest**
2017 bis 2019 realisiert der Staat Finanzierungsüberschüsse. Ab 2020 (Corona-Pandemie) realisiert der Staat recht hohe Finanzierungsdefizite, die

allerdings dem Betrag nach niedriger sind als die Finanzierungsüberschüsse der Haushalte und Unternehmen zusammen.

1.2.5 Das Ausland

Was bedeutet das alles zusammen?

Die Antwort finden wir in der Zeile der Ersparnis bzw. des Finanzierungssaldos des Auslands (Tab. 1.1, erster Kasten bzw. letzter Kasten). Die Finanzierungssalden des Auslands sind durchweg negativ. Diese Finanzierungsdefizite des Auslands müssen dem Betrag nach gleich sein der Summe der drei inländischen per Saldo positiven Finanzierungsüberschüsse (Tab. 1.1, letzter Kasten). Denn weltweit muss die Summe der Gesamtheit aller Finanzierungssalden null ergeben. Es gibt keine Forderungen, denen nicht in identisch gleicher Höhe eine Verbindlichkeit gegenübersteht.

▶ **Wir halten fest**
Die Finanzierungsüberschüsse der drei inländischen Sektoren Deutschlands und die Finanzierungsdefizite der übrigen Welt müssen dem Betrag nach gleich sein.

1.2.6 Eine Wertung

Deutschland ist offensichtlich ein Land, welches systematisch außenwirtschaftliche Überschüsse erwirtschaftet. Gemessen an einem BIP von im Durchschnitt der Jahre 2017 bis 2022 ca. 3.500 Mrd. Euro betragen diese Überschüsse mit durchschnittlich ca. 230 Mrd. Euro ca. 7 % des BIP. Ökonomen bezeichnen so etwas als „außenwirtschaftliches Ungleichgewicht". Die außenwirtschaftlichen Überschüsse Deutschlands sind zu hoch.

Wir können das Problem auch unter Rückgriff auf die nationale Ersparnis beschreiben. Deutschland exportiert systematisch netto Kapital ins Ausland. Das Problem – abgesehen davon, dass sich die Forderungen an das Ausland möglicherweise als uneinbringlich herausstellen – ist, dass die gesamtwirtschaftliche Ersparnis zu einem nicht unerheblichen Teil dazu verwendet wird, netto Forderungen an das Ausland anzuhäufen bis hin zum außenwirtschaftlichen Ungleichgewicht.

Wir wollen im Folgenden diese Problematik unter zwei Gesichtspunkten näher analysieren. Erstens wollen wir das Problem unter einem mehr theoretischen Aspekt analysieren. Und zweitens wollen wir den tatsächlichen Ablauf beschreiben und auch werten.

Kommen wir zu dem erstgenannten mehr theoretischen Verlauf. Wie könnte eine Lösung aussehen? Ein probates Mittel zur Lösung dieses Problems wäre, private und/ oder staatliche Investitionen so zu steigern, dass die gesamtwirtschaftliche Ersparnis

1.2 Finanzierungsrechnung

verstärkt im Inland investiert wird, anstatt als Kapitalexport im Ausland investiert zu werden. Dadurch würden die Investitionen steigen (Tab. 1.1, mittlerer Kasten) und die außenwirtschaftlichen Überschüsse würden sinken (Tab. 1.1, erster und letzter Kasten).

▶ **Wir halten fest**
Durch eine Erhöhung privater und/oder staatlicher Investitionen kann ein außenwirtschaftlicher Überschuss verringert werden.

Allerdings: Das ist natürlich nicht von heute auf morgen erreichbar. Das ist leichter gesagt als getan. Ein so stark exportorientiertes Land wie Deutschland auf investive Binnenorientierung umzupolen ist ein kapitales Problem. Zudem gehört nicht viel Phantasie dazu, sich hinsichtlich der Frage privater oder staatlicher Investitionen den Streit zwischen Marktapologeten einerseits und staatsgläubigen Interventionisten andererseits lebhaft auszumalen.

Kommen wir zu dem zweitgenannten tatsächlichen Ablauf. Wir haben oben in Tab. 1.1 erfahren, dass der Staat bis 2019 Finanzierungsüberschüsse hat und danach ab 2020 erhebliche Defizite aufweist (Tab. 1.1, letzter Kasten). In der Finanzierungsrechnung zeigt sich, dass die Haushalte ab 2020/21 weniger gespart haben, die Unternehmen kräftig investiert haben und der Staat das Defizit nicht so stark zurückgefahren hat. Anders ausgedrückt: Durch das ab 2020 hohe Staatsdefizit (Tab. 1.1, letzter Kasten) werden die Finanzierungsüberschüsse der Haushalte und Unternehmen zusammen zu einem erheblichen Teil gewissermaßen aufgesogen, sodass es letztlich in 2022 zu einem Rückgang des außenwirtschaftlichen Überschusses kommt. Kurz: Defizitfinanzierter Staatskonsum tritt an die Stelle des außenwirtschaftlichen Überschusses.

In der BIP-Rechnung spiegelt sich das in einem deutlichen Anstieg des Staatskonsums wider. Von 2020 bis 2022 steigt der Staatskonsum um ca. 13 % gegenüber ca. 9 % im Zeitraum 2017 bis 2019.

▶ **Wir halten fest**
Tatsächlich ist nicht durch übermäßige Investitionen, sondern beginnend 2020 hauptsächlich durch defizitfinanzierten Staatskonsum der außenwirtschaftliche Überschuss verringert worden.

Wir können diesen Sachverhalt auch unter Rückgriff auf die Verwendungsseite des BIP darstellen. Es gilt (siehe oben Abschn. 1.1.5 die Definition des BIP nach der Verwendungsseite):

$$BIP = C + I + G + NX$$

Um gemäß der Finanzierungsrechnung die Ersparnis ins Spiel zu bringen, wird nun häufig folgende Rechnung aufgemacht:

$$BIP - C - G = I + NX$$

Die linke Seite der Gleichung ist das BIP abzüglich des privaten Konsums und des Staatskonsums. Produktion minus Konsum (privat und öffentlich) kann als Ersparnis interpretiert werden. Also gilt:

$$S = I + NX$$

Ersparnis = Investition + Außenbeitrag

Diese Gleichung hat große Ähnlichkeit mit der Finanzierungsrechnung, in der gilt Ersparnis = Netto-Investition + Finanzierungssaldo. Ersparnis wird hierbei allerdings nicht genau gemäß unserer Definition verwendet. Erstens ist in dieser Ersparnis-Gleichung die Investition die Brutto-Investition und nicht die Netto-Investition. Und zweitens ist in dieser Ersparnis-Gleichung NX der Außenbeitrag und nicht der Finanzierungssaldo.

Die BIP-Gleichung ist trotzdem nützlich, weil sie die alternativen Verwendungsarten des BIP deutlich macht. Bei konstantem BIP kann der Außenbeitrag (stellvertretend für den außenwirtschaftlichen Überschuss) offensichtlich verringert werden durch

1. mehr private und/oder staatliche Investitionen (S = konstant) oder
2. mehr Staatskonsum (S sinkt) oder
3. mehr private Konsumausgaben (S sinkt)

Tatsächlich steigen beginnend 2020 zwar die privaten Netto-Investitionen (jedoch nur zyklisch), die staatlichen Netto-Investitionen bleiben praktisch konstant, und der Staatskonsum steigt überproportional an. Ob diese Hinwendung zu Verbrauch anstatt zu Investitionen dem Standort Deutschland zuträglich ist, kann bezweifelt werden.

Zusammenfassung

Die Finanzierungsrechnung zeigt, dass Deutschland systematisch außenwirtschaftliche Überschüsse erwirtschaftet. Ein Teil der nationalen Ersparnis geht regelmäßig als Kapitalexport ins Ausland. Eine stärkere Binnenorientierung kann entweder eine Steigerung privater und staatlicher Investitionen im Inland sein, oder eine Erhöhung konsumtiver Ausgaben im Inland. Beginnend 2020 mit der Corona-Krise und nachfolgend der Energiekrise ist durch defizitfinanzierten Staatskonsum der Weg mehr in die konsumtive Richtung gegangen.

1.3 Zahlungsbilanz

Eine Zahlungsbilanz ist eine systematische Aufzeichnung aller ökonomischen Transaktionen zwischen In- und Ausländern gemäß den Regeln der doppelten Buchführung.

Die Zahlungsbilanz ist untergliedert in die beiden Teilbilanzen der Leistungsbilanz und der Kapitalbilanz. Zur Erläuterung der Methodik wählen wir zwei Beispiele, um den Unterschied zwischen Leistungstransaktionen einerseits und reinen Kapitaltransaktionen andererseits deutlich zu machen.

Beispiel für eine Leistungstransaktion
Ein deutsches Unternehmen exportiert PKW in die USA. Die Rechnung lautet auf Dollar. Das deutsche Unternehmen unterhält ein Dollar-Konto bei einer US-Bank. Nach Zahlung seitens des US-Importeurs hat das deutsche Unternehmen ein Dollar-Guthaben bei der US-Bank. Der Export wird als Plus in der Leistungsbilanz gebucht. Die Dollar-Forderung des deutschen Exporteurs bei der US-Bank wird als Kapitalexport mit Minus in der Kapitalbilanz gebucht.

Falls die Rechnung auf Euro lautet, ist das Ergebnis das gleiche. Nur ist das Procedere ein wenig umständlicher. Nun muss sich die US-Bank des US-Importeurs Euro besorgen, die sie nicht hat. Sie wird Dollar am Devisenmarkt an eine deutsche Bank verkaufen gegen Euro und die Euro zur Bezahlung der Rechnung des deutschen Exporteurs an den US-Importeur weiterreichen. Nun wird wieder der Export des deutschen Unternehmens als Plus in der Leistungsbilanz gebucht. Und das Dollar-Guthaben der deutschen Bank bei einer US-Bank wird als Kapitalexport mit Minus in der Kapitalbilanz gebucht.

Bei beiden Verfahren hat die Leistungsbilanz ein Plus und die Kapitalbilanz ein Minus. Leistungstransaktionen zeichnen sich dadurch aus, dass das Inland durch Exporte netto Forderungen an das Ausland erwirbt und durch Importe netto Verbindlichkeiten gegenüber dem Ausland eingeht.

▶ **Wir halten fest**
Nur durch Leistungstransaktionen entstehen Salden in der Leistungsbilanz und der Kapitalbilanz.

Beispiel für eine reine Kapitaltransaktion
Ein Deutscher besitzt Euro und will ein Dollar-Konto bei einer US-Bank eröffnen. Die US-Bank nimmt die Euro herein und schreibt dem Deutschen ein Dollar-Guthaben gut. Die US-Bank besitzt jetzt Euro, die eine Forderung an die EZB (Europäische Zentralbank) darstellen. Das ist in der Zahlungsbilanz ein Kapitalimport. Das Dollar-Guthaben des Deutschen ist in der Zahlungsbilanz ein Kapitalexport.

Falls der Deutsche das Geschäft über eine deutsche Bank abwickelt, ist das Ergebnis das gleiche. Die deutsche Bank muss jetzt Dollar am Devisenmarkt kaufen und Euro dafür verkaufen. Sie reicht die Dollar an den Deutschen weiter, damit der das Dollar-Guthaben bei der US-Bank eröffnen kann. Das Dollar-Guthaben des Deutschen ist wieder in der Zahlungsbilanz der Kapitalexport. Die Euro im Besitz der US-Bank sind wieder eine Forderung an die EZB und sind in der Zahlungsbilanz ein Kapitalimport.

Bei beiden Verfahren ist die Leistungsbilanz überhaupt nicht berührt. Es hat keine Leistungstransaktion stattgefunden. Und die Kapitalbilanz schließt per Saldo auch mit null ab, da sich Kapitalexport und Kaptalimport gegenseitig aufheben.

▶ **Wir halten fest**
Durch reine Kapitaltransaktionen entstehen weder in der Leistungsbilanz noch in der Kapitalbilanz Salden.

1.3.1 Zahlungsbilanz Deutschlands 2017–2022

Die Zahlungsbilanz ist untergliedert in die beiden großen Teilbilanzen Leistungsbilanz und Kapitalbilanz. Das Prinzip der doppelten Buchführung bedeutet, dass der Saldo der Leistungsbilanz mit umgekehrtem Vorzeichen dem Saldo der Kapitalbilanz entsprechen muss. Als ein Beispiel ist in Tab. 1.2 die Zahlungsbilanz Deutschlands mit den weiteren Untergliederungen dargestellt.

Eine Zahlungsbilanz für Deutschland mit empirischen Daten wird regelmäßig von der Deutschen Bundesbank veröffentlicht (Deutsche Bundesbank, 2023a).

Die Zahlungsbilanz Deutschlands für die Jahre 2017 bis 2022 ist in Tab. 1.2 dargestellt.

Zu beachten ist, dass in dieser Rechnung nur die Salden aufgeführt sind. In der Handelsbilanz steht z. Bsp. für 2017 ein Wert von 255 Mrd. Euro. Das bedeutet, dass Deutschland in diesem Jahr einen Exportüberschuss von 255 Mrd. Euro hat. Ein Minus würde hier bedeuten, dass Deutschland ein Defizit von 255 Mrd. hat, dass also mehr

Tab. 1.2 Zahlungsbilanz (Salden, Mrd. Euro). (Quelle: Deutsche Bundesbank 2023a, S. 76)

Zahlungsbilanz	2017	2018	2019	2020	2021	2022
Leistungsbilanz	253	269	280	231	278	143
• Handel	255	222	220	191	194	112
• Dienstleistungen	-24	-16	-14	7	5	-31
• Einkommen	77	113	129	96	139	150
• Übertragungen	-55	-50	-55	-63	-60	-88
Kapitalbilanz	-253	-269	-280	-231	-278	-143
• Kapitalverkehr	-269	-243	-201	-192	-217	-223
• Währungsreserven (-)	1	-0	1	0	-32	-4
• Restposten	15	-26	-80	-39	-29	84

1.3 Zahlungsbilanz

Waren importiert als exportiert wurden. Analoges gilt für die anderen Werte. Der absolute Betrag der jeweiligen Werte kann aus der Tabelle nicht entnommen werden.

1.3.2 Leistungsbilanz

Die Leistungsbilanz ist untergliedert in die vier Unterbilanzen:

- Handel = Ex- und Import von Waren
- Dienstleistungen = Ex- und Import von Dienstleistungen
- Einkommen = Einkommen aus Erwerbstätigkeit und Vermögen zwischen In- und Ausländern
- Übertragungen = Transfers (Schenkungen) vom/an Ausland

In Deutschland ist die Leistungsbilanz sehr stark dominiert von dem traditionell hohen Exportüberschuss in der Handelsbilanz. 2022 ist dieser Überschuss stark gesunken aufgrund der Verteuerung der Energieimporte.

Die Dienstleistungsbilanz ist wegen der Reiselust der Deutschen ins Ausland negativ. Ausnahmen sind 2020/21, da wegen der Corona-Pandemie die Auslandsreisen stark sinken.

Die Einkommensbilanz weißt Überschüsse auf. Hier spiegeln sich insbesondere verzinsliche Vermögensanlagen im Ausland wider.

Die Schenkungsbilanz ist aufgrund der Beiträge an internationale Organisationen (z. Bsp. EU) stark negativ.

Wenn man die entsprechenden vier Zahlen addiert, ergibt das den Leistungsbilanzsaldo

▶ **Wir halten fest**
Deutschland hat systematisch hohe Leistungsbilanzüberschüsse infolge der traditionell hohen Exportüberschüsse in der Handelsbilanz.

Dem aufmerksamen Leser wird auffallen, dass in einigen Fällen der außenwirtschaftliche Überschuss in der Finanzierungsrechnung nicht mit dem Leistungsbilanzüberschuss in der Zahlungsbilanz übereinstimmt. Dies hat seinen Grund in unterschiedlichen Abgrenzungen im Einzelfall. Die beiden Rechnungen sind nicht aus einem Guss.

1.3.3 Kapitalbilanz

Kommen wir zu der zweiten großen Teilbilanz der Zahlungsbilanz, dem Saldo der Kapitalbilanz. Das Prinzip der doppelten Buchführung bedeutet, dass der Saldo der Kapitalbilanz mit umgekehrtem Vorzeichen dem Saldo der Leistungsbilanz entsprechen muss.

Die Kapitalbilanz ist dominiert von dem Kapitalverkehr. Die Minuszeichen bedeuten, dass Deutschland systematisch Kapital exportiert. Das ist das Spiegelbild der hohen Überschüsse in der Handelsbilanz.

Die Währungsreserven bleiben praktisch konstant. Der Euro hat nach außen einen flexiblen Wechselkurs. Der Wechselkurs des Euro bildet sich nach Angebot und Nachfrage ohne Interventionen seitens der EZB.

Bemerkenswert ist der hohe Restposten. Wie jede Statistik ist auch die Zahlungsbilanz unvollkommen. Aber infolge des Prinzips der doppelten Buchführung wird der Fehler in der Rechnung wenigstens offenkundig. Nehmen wir als Beispiel das Jahr 2022. Der Kapitalverkehr und die Währungsreserven zusammen schlagen per Saldo mit einem Minus von 227 Mrd. Euro zu Buche. Aber die Leistungsbilanz signalisiert, dass das Plus per Saldo nur 143 Mrd. Euro ausmacht. Ob nun der Leistungsbilanzüberschuss zu niedrig ist, oder der Kapitalbilanzsaldo (absolut) zu hoch ist, ist eine offene Frage. Wir haben hier die fehlenden 84 Mrd. Euro als Kapitalimport der Kapitalbilanz zugeschlagen. Wie auch immer – es hat 2022 ein Zufluss von 84 Mrd. Euro stattgefunden, von dem wir nichts wissen. Und das ist offensichtlich – abgesehen vom Vorzeichen – keine Ausnahme, wie die vorlaufenden Jahre ausweisen.

▶ **Wir halten fest**
Deutschland exportiert systematisch Kapital. Das ist das Spiegelbild der hohen Leistungsbilanzüberschüsse. Bemerkenswert ist der hohe Restposten statistisch nicht aufgliederbarer Transaktionen.

1.3.4 Eine Wertung

Was bleibt als Resümee? Die Zahlungsbilanz zeigt in Form des systematisch hohen Kapitalexports ein ähnliches Bild wie die Finanzierungsrechnung. Was in der Finanzierungsrechnung die hohen außenwirtschaftlichen Überschüsse sind, sind hier in der Zahlungsbilanz der Leistungsbilanzüberschuss bzw. der Kapitalexport.

Das Bild zeigt den Fall Deutschlands auf. Weltweit müssen sich die Leistungsbilanzsalden zu null addieren. Das lässt sich verallgemeinern.

Zusammenfassung

Länder mit positiver Leistungsbilanz exportieren per Saldo Kapital ins Ausland. Dazu gehört z. B. Deutschland. Die nationale Ersparnis wird zu einem Teil im Ausland angelegt. Diese Länder bezeichnet man als Überschussländer oder auch Gläubigerländer.

Länder mit negativer Leistungsbilanz dagegen importieren per Saldo Kapitel aus dem Ausland. Ein Teil der nationalen Ausgaben wird durch Kredite aus dem Ausland finanziert. Solche Länder bezeichnet man als Defizitländer oder auch Schuldnerländer.

Die Forderungen des einen sind die Verbindlichkeiten des anderen. Durch Geldvermögen alleine wird weltweit per Saldo niemand reicher.

Literatur

Deutsche Bundesbank (Hrsg.). (2023a). Monatsberichte. Statistischer Teil. XII/2.
Deutsche Bundesbank (Hrsg.). (2023b). Statistische Fachreihe Finanzierungsrechnung. 15.06.2023.
Statistisches Bundesamt (Hrsg.). (2022). Volkswirtschaftliche Gesamtrechnungen. Wichtige Zusammenhänge im Überblick. 30.08.2023.

Weiterführende Literatur

Ahrns, H. J. (2001). Grundzüge der Volkswirtschaftlichen Gesamtrechnungen. 3. Aufl. Transfer.
Brümmerhoff, D. (2002). Volkswirtschaftliche Gesamtrechnungen. 7. Aufl. Oldenbourg.
Frenkel, M. et al. (2023). Volkswirtschaftliche Gesamtrechnung. 9. Aufl. Vahlen.
Haslinger, F. (1995). Volkswirtschaftliche Gesamtrechnung. 7. Aufl. Oldenbourg.
Hübl, L. (2003). Wirtschaftskreislauf und gesamtwirtschaftliches Rechnungswesen. In D. Bender et al. (Hrsg.). Vahlens Kompendium der Wirtschaftstheorie und Wirtschaftspolitik. Bd. 1 (S. 53–96). 8. Aufl. Vahlen.
Stobbe, A. (1994). Volkswirtschaftliches Rechnungswesen. 8. Aufl. Springer.

Konjunktur – Die kurze Frist 2

> In the long run we are all dead.
>
> J. M. Keynes, 1923

2.1 Konjunkturschwankungen – Der Befund

Die wirtschaftliche Entwicklung im Zeitablauf verläuft nicht stetig, sondern unter Schwankungen. Mit diesem Phänomen wollen wir uns nun näher beschäftigen. Das Auf und Ab der wirtschaftlichen Entwicklung nennt man Konjunkturschwankungen. Konjunkturschwankungen können anhand von sehr vielen Indikatoren gemessen werden. Indikatoren sind z. Bsp. Produktion, Auftragseingänge, Löhne und Gehälter, Preisindizes, Kapazitätsauslastung usw.

Im Folgenden werden zunächst ein idealtypischer Konjunkturzyklus und ein Beispiel für tatsächliche Konjunkturschwankungen in Deutschland dargestellt. Sodann wird ein bestimmter Konjunkturindikator – die Produktionslücke für Deutschland – erläutert.

2.1.1 Konjunkturschwankungen

Ein idealtypischer Konjunkturzyklus ist in Abb. 2.1 dargestellt.

In Abb. 2.1 sind zwei Arten von Produktionen auf der Ordinate als Indikatoren abgebildet. Erstens ist die tatsächliche Produktion, gemessen am BIP, abgebildet und zweitens das Produktionspotenzial. Das BIP wird in diesem Zusammenhang als die gesamtwirtschaftliche Nachfrage nach Gütern interpretiert. Der zweite Indikator ist das Produktionspotenzial. Das Produktionspotenzial ist eine Art langfristiger Durchschnitt

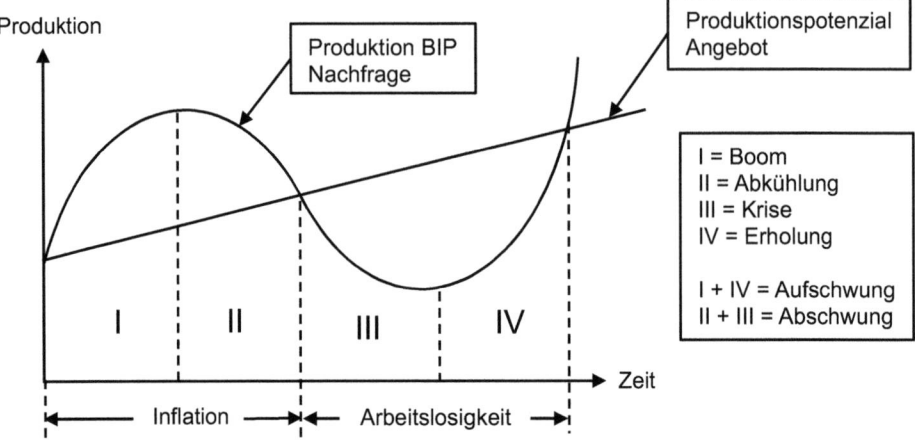

Abb. 2.1 Konjunkturschwankungen – Idealtypisch

eines hypothetischen BIP, in dem die Kapazitäten normal ausgelastet sind. Das Produktionspotenzial wird hierbei als Angebot interpretiert. Die Grafik soll verdeutlichen, dass das BIP um den stetig wachsenden Trend des Produktionspotenzials schwankt.

▶ **Definition: Konjunkturschwankungen**
Konjunkturschwankungen sind Schwankungen der Produktion um das Produktionspotenzial.

Anders ausgedrückt: In den Phasen I (Boom) und II (Abkühlung) sind die Kapazitäten überdurchschnittlich ausgelastet und in den Phasen III (Krise) und IV (Erholung) unterdurchschnittlich. Die ansteigenden Konjunkturphasen I + IV nennt man Aufschwung und die absteigenden Phasen II + III Abschwung.

Was ist das Problem?
Konjunkturschwankungen sind mit unangenehmen Begleiterscheinungen verbunden. Insbesondere sind hier Inflation und Arbeitslosigkeit zu nennen. Verläuft die wirtschaftliche Entwicklung in Phasen I und II (oberhalb des Produktionspotenzials), dann sind die Kapazitäten überdurchschnittlich ausgelastet. Die Unternehmen können die Preise erhöhen, d. h. die Inflation ist das Problem. Ist dagegen die wirtschaftliche Entwicklung unterhalb des Produktionspotenzials (Phasen III und IV), dann werden die Unternehmen über kurz oder lang Kurzarbeit verfügen und Erwerbstätige entlassen, d. h. die Arbeitslosigkeit wird zum Problem.

Wie sieht so etwas tatsächlich aus? Das ist in Abb. 2.2 dargestellt (SVR, JG 2022, S. 58).

2.1 Konjunkturschwankungen – Der Befund

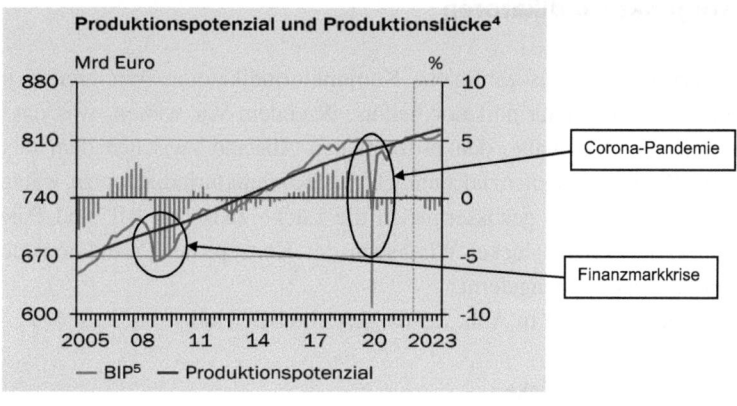

Abb. 2.2 Konjunkturschwankungen – Tatsächlich

In Abb. 2.2 ist die stetig zwischen 670 Mrd. und 820 Mrd. EUR ansteigende schwarze Linie das Produktionspotenzial. Die um diesen Trend herum schwankende hellere Linie ist die tatsächliche Produktion BIP. Man erkennt deutlich die Rezessionen während der Finanzmarktkrise 2009/10 und während der Corona-Pandemie 2020/21. In diesen beiden Zeiträumen liegt das BIP deutlich unter dem Potenzialwert. Die deutsche Volkswirtschaft produziert weniger, als mit den vorhandenen Kapazitäten hätte produziert werden können. Die Zeit-Achse ist in Quartale unterteilt. Daher stehen auf der Ordinate (BIP/4)-Werte.

Zum Unterschied zwischen Realgrößen und Nominalgrößen
Wir können in diesem Zusammenhang kurz den Unterschied zwischen Realgrößen und Nominalgrößen thematisieren. Was ist der Unterschied zwischen Realgrößen und Nominalgrößen? In Abb. 2.2 sind sowohl die BIP-Werte als auch die Werte für das Produktionspotenzial in Euro gemessene Realwerte. Aus solchen Realwerten sind die Inflationsraten gegenüber einem Referenzjahr gewissermaßen herausgerechnet. Man nennt solche Realwerte preisbereinigt. Dagegen sind die Nominalwerte für BIP und Produktionspotenzial nicht preisbereinigt, sondern eben nominale Werte. Bilden wir ein Beispiel. In Kap. 1 haben wir erfahren, dass das BIP in 2022 3877 Mrd. EUR beträgt. Dies ist das nominale BIP. Demgegenüber beträgt das reale (preisbereinigte) BIP 3275 Mrd. EUR. Der relativ niedrige Wert des realen BIP kommt von den Inflationsraten zwischen dem Referenzjahr 2015 und 2022.

Kommen wir zurück zu der Abb. 2.2. Die Säulen unter- und oberhalb der Null-Linie sind Werte für die Produktionslücke (rechte Achse %). Das behandeln wir in Abschn. 2.1.2.

2.1.2 Konjunkturindikatoren

Wie bereits erwähnt, gibt es zahlreiche Konjunkturindikatoren. Wir greifen jetzt einen ganz bestimmten Konjunkturindikator heraus. Nachdem wir wissen, was das Produktionspotenzial ist, liegt es nahe, den prozentualen Abstand zwischen dem tatsächlichen BIP und dem Produktionspotenzial nunmehr als Konjunkturindikator zu wählen. Dieser Konjunkturindikator drückt gewissermaßen die Lücke zwischen BIP und Potenzial aus und heißt daher Produktionslücke. Wir haben das Konzept der Produktionslücke in der Abb. 2.2 bereits kurz kennengelernt.

Die Produktionslücke ist in Abb. 2.3 dargestellt (GD, Herbst 2023, S. 67).

▶ **Definition: Produktionslücke**
Die Produktionslücke ist der prozentuale Abstand des BIP von dem Produktionspotenzial.

Negative Werte der Produktionslücke bedeuten, dass das BIP unterhalb des Produktionspotenzials liegt. Die Wirtschaft ist nicht in der Lage, die vorhandenen Kapazitäten voll zu nutzen. Während der Corona-Pandemie z. Bsp. sinkt das BIP um ca. 4 % unter das Produktionspotenzial. Bei einem Potenzial von nominal ca. 3500 Mrd. EUR/Jahr bedeutet das, dass das deutsche Volk um ca. 140 Mrd. EUR ärmer ist als bei Vollauslastung der Kapazitäten. Analoges gilt für die Energiekrise, wenn das BIP im Jahresdurchschnitt um ca. 2 % unter das Potenzial sinkt.

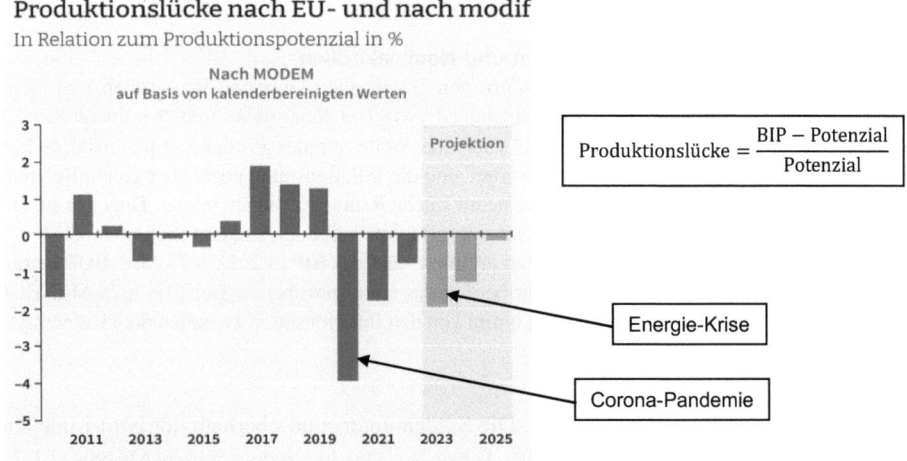

Abb. 2.3 Produktionslücke

In Deutschland häufen sich offensichtlich die Krisen. Auf die Finanzmarktkrise 2009/10 (Abb. 2.2) folgte 2020/21 die Corona-Pandemie und darauf 2023 die Energie-Krise. Wir leben in unruhigen Zeiten.

2.2 Konjunkturpolitik – Die Diagnose

Nun fängt es an, politisch zu werden. Wir können den recht schwammigen Begriff „Konjunkturpolitik" verstehen als Beeinflussung der Nachfrage (das BIP) durch die staatliche Wirtschaftspolitik zur Vermeidung von Inflation und Arbeitslosigkeit.

Im Folgenden konzentrieren wir uns ganz auf die Konjunkturphasen, in denen das Hauptproblem die Arbeitslosigkeit ist (Phasen III und IV in Abb. 2.1). Die vorhandenen Kapazitäten sind nicht ausgelastet. Die Frage ist, ob es irgendeinen Mechanismus gibt, der gewissermaßen automatisch die Wirtschaft wieder zur Vollbeschäftigung führt.

2.2.1 Der Ansatz von Keynes

Mit dieser Frage hat sich der Ökonom J. M. Keynes intensiv auseinandergesetzt. Keynes schrieb 1936 ein Buch mit dem Titel „The General Theory of Employment, Interest, and Money". Keynes verneinte die aufgeworfene Frage. In der keynesianischen Theorie wird ein immanenter Mangel an gesamtwirtschaftlicher Nachfrage diagnostiziert. Ohne eine geeignete Wirtschaftspolitik durch den Staat kommt die Wirtschaft nicht von selbst wieder auf den Pfad der Vollbeschäftigung. Ohne den Staat geht es nicht. Die Wirtschaft verharrt in einem Unterbeschäftigungsgleichgewicht.

Was sind nun die Instrumente der staatlichen Wirtschaftspolitik, mit denen der Staat die gesamtwirtschaftliche Nachfrage steuern kann? Infrage kommen hier insbesondere die Geld- und Fiskalpolitik. Keynes ist gewissermaßen der Erfinder der Geld- und Fiskalpolitik. Der Ausdruck Fiskalpolitik bedeutet gegenüber der althergebrachten Finanzpolitik, dass die Fiskalpolitik bewusst zur Steuerung der gesamtwirtschaftlichen Nachfrage eingesetzt wird, d. h. um Konjunkturpolitik zu betreiben.

2.2.2 Instrumente der Geld- und Fiskalpolitik – Übersicht

Im Folgenden wollen wir uns in Tab. 2.1 zunächst nur einen kurzen Überblick verschaffen, wie die unterschiedlichen Zuständigkeiten in der Geld- und Fiskalpolitik in der Europäischen Währungsunion (EWU) geregelt sind.

Für die Geldpolitik ist in der EWU die Europäische Zentralbank EZB zuständig. Das bedeutet, dass die Mitgliedstaaten dieser Währungsunion keine nationale Geldpolitik mehr verfolgen können. Es gibt keine Deutsche Mark mehr, keinen Französischen Franc, keine

Tab. 2.1 Geld- und Fiskalpolitik in der EWU

	Geldpolitik	Fiskalpolitik
EWU	supranational	national
Träger	EZB	Finanzministerium
Instrumente	Leitzins Geldmenge Wechselkurs	Steuern Staatsausgaben

Italienische Lira usw. Es gibt nur noch die Einheitswährung Euro. Die EZB betreibt die Geldpolitik für die gesamte Eurozone.

Die Instrumente der Geldpolitik sind die Festsetzung des Leitzinses, zu dem die Banken in der Eurozone sich bei der EZB frisches Geld besorgen können, die Kontrolle der umlaufenden Geldmenge und die Regelung des Wechselkurses, der gegenüber anderen Währungen flexibel ist.

Das besondere Merkmal der EWU ist, dass die Geldpolitik vergemeinschaftet (supranational) ist bei weiterhin national geregelter Fiskalpolitik. Für die Fiskalpolitik ist lediglich eine letztlich unverbindliche „Koordinierung" vorgesehen. Diese Konstruktion ist nicht unproblematisch. Wir wollen das an dieser Stelle nicht weiter vertiefen. Nach der Vollendung seit dem 01.01.1999 existiert die EWU inzwischen immerhin ¼ Jahrhundert. Totgesagte leben länger.

Wie der Einsatz der Geld- und Fiskalpolitik genau funktioniert, soll später in diesem Kapitel erläutert werden.

▶ **Wir halten fest**
Geld- und Fiskalpolitik sind die beiden zentralen Möglichkeiten der Wirtschaftspolitik zur Konjunkturstabilisierung.

2.3 Das IS-LM-Modell – Die Therapie

Im Folgenden entwickeln wir das Standardmodell zur kurzfristigen Analyse des Einkommens (der Produktion). Dieses sog. IS-LM-Modell kann durch drei Schlagworte beschrieben werden:

- Nachfrage
- Kurzfristig
- Preisniveau konstant

Entsprechend dem Ansatz von Keynes ist das Modell nachfrageorientiert. Die Nachfrage ist die entscheidende Größe. Das Modell ist kurzfristig konzipiert. Kurzfristig bestimmt

2.3 Das IS-LM-Modell – Die Therapie

die Nachfrage die Produktion und damit auch die Beschäftigung. Das Angebot reagiert auf die Nachfrage und nicht umgekehrt. Das Preisniveau ist konstant. Die Wirtschaft befindet sich in einer Konjunkturphase mit Arbeitslosigkeit. Die Unternehmen haben freie Kapazitäten. Die Fabriken sind vorhanden und warten auf Kundschaft. Das Hauptproblem ist die Arbeitslosigkeit und nicht die Inflation.

2.3.1 Ein einfaches Modell

Unser einfaches Modell für diese Konstellation ist in Abb. 2.4 dargestellt.

In Abb. 2.4 ist Y^s das gesamtwirtschaftliche Angebot (s = supply). Die horizontale Linie Y^s bedeutet, dass die Unternehmen in der kurzen Frist wegen freier Kapazitäten zu einem konstanten Preisniveau P_1 jede gewünschte Produktion anbieten. Nachfrageschwankungen können durch Änderungen bei der Kapazitätsauslastung aufgefangen werden, ohne dass die Unternehmen sofort die Preise erhöhen. Anders ausgedrückt: Die kurzfristige Angebotskurve ist beim Preisniveau P_1 völlig elastisch. Das Preisniveau ist bei dieser kurzfristigen Analyse durchweg konstant.

Ein einmaliger Preisschock kann in diesem Modell ohne weiteres berücksichtigt werden, indem die P_1-Linie nach oben (z. Bsp. Energie-Verteuerung) oder nach unten verschoben wird.

Was soll die Formulierung $Y^s = Y$ bedeuten? Wir wissen aus der Kreislaufanalyse, dass das Einkommen Y und die Produktion (das Angebot) Y^s zwei Seiten einer Medaille sind, d. h. gleich groß sind. Die Größe Y steht also für verschiedene Dinge, nämlich für Angebot, Produktion und für Einkommen. Welche davon gerade im Vordergrund stehen, geht aus dem jeweiligen Zusammenhang hervor.

In Abb. 2.4 ist Y^d die gesamtwirtschaftliche Nachfrage nach Gütern (d = demand). Die Nachfrage ist mit negativer Steigung eingezeichnet. Fallende Preise wecken die Kauflust

Abb. 2.4 Das Preisniveau ist konstant

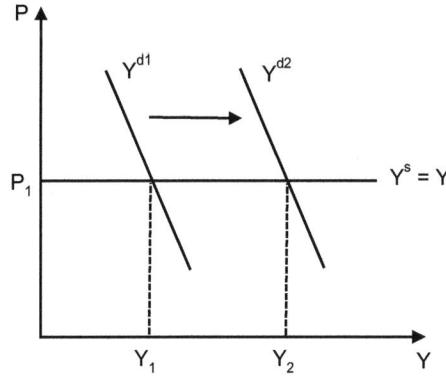

und umgekehrt. Steigt die Nachfrage von Y^{d1} auf Y^{d2}, dann erhöht sich die Produktion und das Einkommen von Y_1 auf Y_2 und damit auch die Beschäftigung.

▶ **Wir halten fest**
In der kurzen Frist ist das Preisniveau konstant und die Nachfrage wird zur entscheidenden Größe. Kurzfristig bestimmt die Nachfrage die Produktion und damit auch die Beschäftigung. Das Angebot reagiert auf die Nachfrage und nicht umgekehrt.

Diese Methode, die Nachfrage ganz ins Zentrum der Analyse zu rücken, geht zurück auf J. M. Keynes. Keynes formulierte 1936 einen Generalangriff gegen die damals vorherrschende Denk-Schule der Klassik. In den 30er Jahren des letzten Jahrhunderts herrschte weltweit eine schwere Rezession mit Millionenheeren von Arbeitslosen. Die Vertreter der Klassik (Say'sches Gesetz: „Jedes Angebot schafft sich seine Nachfrage") empfahlen als Rezeptur Spar-Programme, damit über sinkende Preise das Angebot an Gütern wieder Absatz finden konnte. In Abb. 2.4 wäre das eine Bewegung entlang einer gegebenen Y^d-Linie nach unten (nicht eingezeichnet). Dadurch wurde aber die Rezession noch verschärft. Keynes dagegen empfahl, die Nachfrage Y^d anzuregen, also – ganz im Gegensatz zur Klassik – durch Mehrausgaben im Staatshaushalt und weitere Maßnahmen expansiver Geld- und Fiskalpolitik (Y^d nach rechts) die Rezession zu überwinden.

2.3.2 Das keynesianische Kreuz

Wir entwickeln jetzt das Modell weiter, in dem – ganz im Sinne von Keynes – die Nachfrage das Angebot determiniert und nicht umgekehrt. Wir lassen in Abb. 2.4 das Preisniveau auf der Ordinate weg (da es ja konstant und keine Variable ist) und setzen die Nachfrage Y^d an die Stelle. Auf der Abszisse behalten wir Y bei.

Zur Vereinfachung beschränken wir uns zunächst auf eine geschlossene Volkswirtschaft ohne Staat. Für die grundsätzliche Aussage des Modells ist diese Annahme ungefährlich.

Für den Konsum nehmen wir an, dass dieser grundsätzlich vom Einkommen abhängt und daneben eine autonome Komponente beinhaltet. Das Einkommen wird zu einem bestimmten Teil verbraucht, der Rest wird gespart. Man nennt das eine kurzfristige keynesianische Konsumfunktion. Eine entsprechende Konsumfunktion kann wie folgt formuliert werden:

$$C^d = C_a + cY \quad C_a > 0, 0 < c < 1 \tag{2.1}$$

2.3 Das IS-LM-Modell – Die Therapie

Der autonome Teil des Konsums ist C_a. Dieser Teil des Konsums ist konstant. Der Anteil c ist die marginale Konsumquote. Der Anteil c ist kleiner als eins. Wenn das Einkommen um eine Einheit zunimmt, dann steigt der Konsum um weniger als eine Einheit.

Die Ersparnis ist ebenfalls abhängig vom Einkommen. Denn die Ersparnis ist einfach der Teil des Einkommens, der nicht verbraucht wird. Für die Ersparnis gilt also:

$$S^d = Y - C^d$$

$$S^d = -C_a + (1-c)Y$$

Der Anteil (1-c) ist die marginale Sparquote.

Die Investition wird zunächst als exogene Größe angenommen, d. h. als Größe, die nicht von anderen Parametern der Analyse abhängt. Für die Investitionsnachfrage gilt also:

$$I^d = \bar{I} \qquad (2.2)$$

Es wird sich herausstellen, dass diese unterschiedlichen Abhängigkeiten einerseits der Ersparnis und andererseits der Investition eine ganz wesentliche Annahme des Modells sind. Denn die Ersparnis ist vom Einkommen abhängig, und die Investition ist (zunächst) exogen. Wir werden darauf noch zurückkommen.

Gemäß Gleichung Gl. 2.1 und 2.2 gilt für die gesamtwirtschaftliche Nachfrage:

$$Y^d = C^d + I^d$$

$$Y^d = C_a + cY + \bar{I} \quad \text{(Nachfrage)} \qquad (2.3)$$

Für das gesamtwirtschaftliche Angebot gilt wie bisher:

$$Y^s = Y \quad \text{(Angebot)} \qquad (2.4)$$

Wir haben jetzt die Gleichung Gl. 2.3 für die Nachfrage und die Gleichung Gl. 2.4 für das Angebot.

Nun müssen wir uns klarmachen, dass es sich hier um eine Ex-ante-Analyse handelt. Der Blick ist auf die Zukunft gerichtet. Das Angebot und die Nachfrage werden von unterschiedlichen Wirtschaftssubjekten entschieden. Das sind hier die Unternehmen einerseits und die Haushalte andererseits. Bei dezentralen Entscheidungsprozessen sind solche Plangrößen nicht aufeinander abgestimmt. Es wäre reiner Zufall, wenn diese unterschiedlichen Entscheidungen jederzeit perfekt zusammenpassen würden. Es kommt regelmäßig zu Enttäuschungen. Pläne müssen revidiert werden. Anpassungsprozesse finden statt. Der

Abb. 2.5 Das keynesianische Kreuz

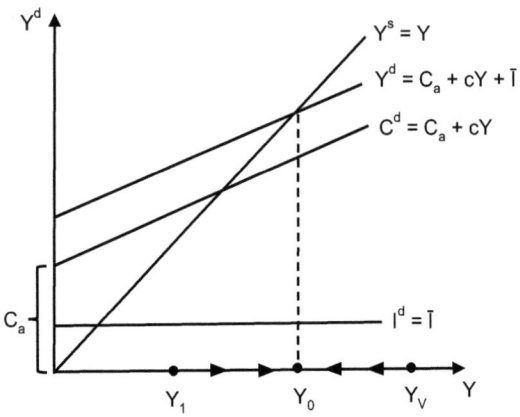

Zustand, in dem die Pläne schließlich nach den Anpassungsprozessen zusammenpassen, heißt Gleichgewicht.

▶ **Definition: Gleichgewicht**
Gleichgewicht ist ein Zustand der Kompatibilität von Plänen verschiedener Wirtschaftssubjekte, die zu ihrer Realisierung aufeinander angewiesen sind.

Für das Gleichgewicht Y_0 von Nachfrage und Angebot gilt:

$$Y^d = Y^s = Y_0 \quad (\text{Gleichgewicht}) \tag{2.5}$$

Die Gleichungen Gl. 2.1 bis 2.5 sind grafisch in Abb. 2.5 dargestellt.

In Abb. 2.5 sind auf der Ordinate die Nachfrage Y^d abgetragen und der autonome Konsum C_a als absoluter Achsenabschnitt. Auf der Abszisse steht die Produktion (das Einkommen) Y, und drei Punkte Y_1, Y_0 und Y_V sind besonders gekennzeichnet. Y_V ist das Vollbeschäftigungseinkommen.

Die Nachfrage-Linien sind die Nachfrage Y^d, die Konsumfunktion C^d und die Investitionsfunktion I^d. Die Konsumfunktion verläuft flacher als die Winkelhalbierende, da die marginale Konsumquote kleiner als eins ist. Die Investition ist exogen, d. h. ist eine Parallele zur Y-Achse. Die Nachfrage Y^d ist folglich um die Investitionsfunktion parallel nach oben verschoben.

Die Angebotsentscheidungen der Unternehmen sind durch Y^s charakterisiert. Im keynesianischen Kreuz ist das eine Winkelhalbierende, da $Y^s = Y$ ist. Das Angebot ist eine mehr passive Größe, um die herum die Nachfrage bei konstantem Preisniveau (kurzfristige Analyse) schwankt.

Der Schnittpunkt zwischen der Nachfrage Y^d und dem Angebot Y^s ist das Gleichgewicht Y_0. Durch Einsetzen in Gleichung Gl. 2.5 und Auflösen nach Y_0 ergibt sich:

2.3 Das IS-LM-Modell – Die Therapie

$$Y_0 = C_a + cY_0 + \bar{I}$$

$$Y_0 = \frac{1}{1-c}(C_a + \bar{I})$$

Drei Fragen sind nun von besonderem Interesse:

1. Welche Anpassungsprozesse führen zum Gleichgewicht Y_0?
2. Ist das Gleichgewicht Y_0 stets gleich dem Vollbeschäftigungseinkommen Y_V?
3. Wie reagiert das Gleichgewicht Y_0 auf eine Änderung der Investition?

Kommen wir zur ersten Frage. Gibt es einen Automatismus, der die Produktion (das Einkommen) auf den Gleichgewichtspunkt Y_0 hinbewegt? Stellen wir uns vor, die Unternehmen produzieren das Angebot Y_1. Dann werden sie feststellen, dass die Nachfrage größer ist als das Angebot (die Senkrechte zum Angebot ist kleiner als die Senkrechte zur Nachfrage). Die Unternehmen werden zunächst Läger auflösen und möglichst schnell die Produktion hochfahren. Das bedeutet, dass der Punkt Y_1 sich auf Y_0 hinbewegt. Bei Punkten rechts von Y_0 wird die Produktion zurückgefahren. Das gleiche Ergebnis ergibt sich, wenn wir über das Einkommen argumentieren. Die Konsumenten stellen ex-post fest, dass ihre geplanten Einkommen auf dem Weg zum Gleichgewicht Y_0 übertroffen werden. Sie konsumieren daher mehr, bis das Gleichgewicht erreicht ist.

Kommen wir zur zweiten Frage. Durch Anpassungsprozesse kommt das Gleichgewicht zwischen gesamtwirtschaftlicher Nachfrage und gesamtwirtschaftlichem Angebot als sich selbst regulierender Prozess zustande. Dieses Gleichgewicht bringt zwar die Nachfrage und das Angebot passgenau zusammen, führt jedoch nicht automatisch zur Vollbeschäftigung. Vielmehr entsteht bei einer Rezession und daher unzureichenden Nachfrage Arbeitslosigkeit. In Abb. 2.5 kommt das dadurch zum Ausdruck, dass der Schnittpunkt zwischen Y^d und Y^s (das Gleichgewicht Y_0) links von dem Vollbeschäftigungseinkommen Y_V liegt.

Mit diesem recht primitiven Modell wird schlagartig klar, dass die Volkswirtschaft in einer Rezession und demzufolge unzureichender Nachfrage nicht aus sich selbst heraus zur Vollbeschäftigung zurückfindet. Es braucht den Staat. Der Staat muss durch die Instrumente der Geld- und Fiskalpolitik der Nachfrage auf die Sprünge helfen, um Arbeitslosigkeit zu vermeiden.

Kommen wir schließlich zur dritten Frage. Wir kommen zurück zu der Lösung für das Gleichgewichtseinkommen.

$$Y_0 = \frac{1}{1-c}(C_a + \bar{I})$$

Die Ableitung nach der Investition ergibt:

$$\frac{dY}{dI} = \frac{1}{1-c}$$

Die Ableitung gibt an, wie das Gleichgewichtseinkommen auf eine Änderung der Investition reagiert. Bilden wir ein Beispiel. Ist die marginale Konsumquote z. Bsp. c = 0,8, dann ergibt $1/(1-c) = 1/0,2 = 5$. Wenn also z. Bsp. die Investition um 100 steigt, dann erhöht sich das Gleichgewichtseinkommen um 500. Man nennt das den Investitionsmultiplikator.

Zusammenfassung

Ein Gleichgewicht zwischen gesamtwirtschaftlicher Nachfrage und gesamtwirtschaftlichem Angebot kommt durch Anpassungsprozesse als sich selbst regulierender Prozess zustande. Dieses Gleichgewicht ist jedoch höchstens rein zufällig gleich dem Vollbeschäftigungseinkommen. Bei einer Rezession und demzufolge unzureichender Nachfrage ist dagegen in der kurzen Frist Vollbeschäftigung nicht erreichbar. Investitionen üben einen multiplikativen Effekt auf das Gleichgewichtseinkommen aus. Die Höhe des Investitionsmultiplikators ist positiv abhängig von der marginalen Konsumquote. ◄

2.3.3 Keynes und die Klassik

Nach diesen Vorarbeiten ist es ein Leichtes, den Unterschied zwischen Keynes und der Klassik auf den Punkt zu bringen. Das Modell der Klassik ist in Abb. 2.6 dargestellt.

Abb. 2.6 sieht ganz ähnlich aus wie Abb. 2.5. Auf der Ordinate ist die Nachfrage Y^d abgetragen. Und auf der Abszisse steht die Produktion (das Einkommen) Y. Zusätzlich ist auf der Abszisse der Punkt Y_V für das Vollbeschäftigungseinkommen besonders gekennzeichnet.

Abb. 2.6 Das Modell der Klassik

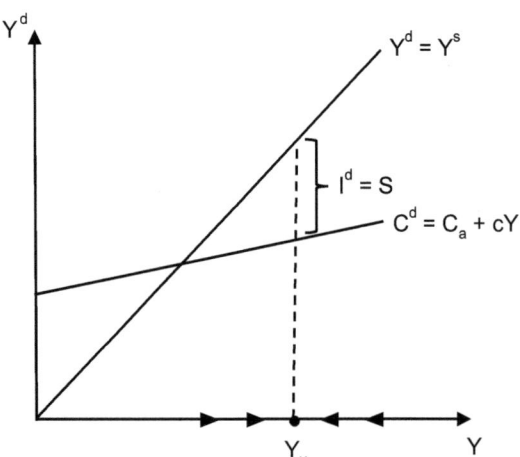

Die Nachfrage Y^d besteht nach wie vor aus der Konsumfunktion C^d und aus der Investitionsfunktion I^d. Nur gilt jetzt für die Investitionsfunktion $I^d = S$. Das ist der entscheidende Punkt. Ein Teil des Einkommens wird konsumiert (Konsumfunktion), und die Lücke zum Vollbeschäftigungseinkommen wird gespart, sprich investiert. Durch diese Konstruktion ist das Gleichgewicht zwischen Nachfrage Y^d und Angebot Y^s stets identisch mit dem Vollbeschäftigungseinkommen.

Was ist letztlich der Unterscheid zwischen Keynes und der Klassik?

Modelltheoretisch kann der Unterschied durch die unterschiedliche Modellierung der Investitionsfunktion beschrieben werden. Bei Keynes ist die Investitionsfunktion $I^d = \bar{I}$. Und da die Investition exogen ist, reicht sie höchstens zufällig aus zur Erreichung des Vollbeschäftigungseinkommens. In der Klassik demgegenüber ist die Investitionsfunktion $I^d = S$ und die Lücke zum Vollbeschäftigungseinkommen wird stets geschlossen.

Der Unterschied lässt sich auch wie folgt beschreiben. Bei Keynes ist die Nachfrage die dominante Größe. Das keynesianische Modell ist ein kurzfristiges Modell. Es geht darum, kurzfristig eine unzureichende Nachfrage anzukurbeln. Dazu braucht es den Staat. Der Staat muss mit den Instrumenten der Geld- und Fiskalpolitik der Nachfrage auf die Sprünge helfen. Das Modell der Klassik demgegenüber ist ein langfristiges Modell. Im Modell der Klassik ist das Vollbeschäftigungseinkommen (das Angebot) der Attraktor, auf den sich die Nachfrage hinbewegt. Es braucht keinen Staat zur langfristigen Erreichung der Vollbeschäftigung.

Wir können das Modell der Klassik auf die Spitze treiben. Dazu müssen wir einfach den keynesianischen Investitionsmultiplikator jetzt auf die Ersparnis anwenden. Das ergibt dann eine Art „Sparmultiplikator". Analog zur Ableitung des Gleichgewichtseinkommens nach der Investition ergibt die Ableitung jetzt nach der Ersparnis:

$$\frac{dY}{dS} = \frac{1}{1-c}$$

Was passiert hier? Das Vollbeschäftigungseinkommen ist doch schon erreicht. Alle Kapazitäten sind voll ausgelastet. Dieser „Sparmultiplikator" beschreibt also ein Wachstum durch mehr Kapitaleinsatz über die Kapazitätsgrenze hinaus. Wir bewegen uns in einer langfristigen Analyse. Es stellt sich die Frage nach den Determinanten des Wachstums einer Volkswirtschaft. Damit werden wir uns in Kap. 4 beschäftigen.

2.3.4 Multiplikator

Wir kehren zurück zu dem keynesianischen Modell. Der Boden ist nun bereitet, den Staat ins Spiel zu bringen. Wir wollen im Folgenden drei sogenannte Multiplikatoren entwickeln, mit denen der Staat Konjunkturpolitik (auch: Stabilisierungspolitik) betreiben kann.

Wir erweitern zunächst die Nachfragefunktion um die Staatsausgaben G für Konsum und Investition. Um die Finanzierung der Staatsausgaben kümmern wir uns nicht, sprich: der Staat muss dazu Kredite aufnehmen. Ansonsten wenden wir die gleiche Methode an wie bei der Ermittlung des Gleichgewichts zwischen Nachfrage und Angebot.

Die Nachfragefunktion lautet jetzt:

$$Y^d = C^d + \bar{I} + G$$

Im Gleichgewicht gilt:

$$Y_0 = C_a + cY_0 + \bar{I} + G$$

Auflösung nach Y_0 ergibt:

$$Y_0 = \frac{1}{1-c}(C_a + \bar{I} + G)$$

Die Ableitung nach G ergibt:

$$\frac{\partial Y}{\partial G} = \frac{1}{1-c}$$

Man nennt das den Staatsausgabenmultiplikator. Der Staatsausgabenmultiplikator ist also identisch mit dem Investitionsmultiplikator (das ist nicht weiter verwunderlich, da beide Größen exogen sind). Je größer die marginale Konsumquote ist, desto größer ist auch der Multiplikator.

Der Staat kann also durch Erhöhung der Staatsausgaben in einer Rezession zum Abbau der Arbeitslosigkeit beitragen. Und er übt sogar einen positiven Impuls auf die Konjunktur aus, der größer ist als die Erhöhung der Staatsausgaben.

Der multiplikative Impuls ist positiv abhängig von der marginalen Konsumquote. Wir können uns zur Verdeutlichung zwei Grenzfälle überlegen. Ist die marginale Konsumquote gleich eins, dann wird das durch die zusätzlichen Staatsausgaben generierte Einkommen von den Haushalten vollständig verbraucht, und das durch den privaten Verbrauch wiederum zusätzlich generierte Einkommen wird auch vollständig verbraucht usw. Die Wirtschaft gerät in eine Art endlosen Aufschwung. Ist dagegen die marginale Konsumquote gleich null, dann ist der Multiplikator eins. Das durch die zusätzlichen Staatsausgaben generierte Einkommen führt nur zu einem einmaligen Impuls in Höhe der zusätzlichen Staatsausgaben und wird dann von den Haushalten vollständig gespart.

Als nächstes fragen wir nach der Wirkung von Steuern. Wir führen in unser Modell eine Steuer ein, und zwar – um die Analyse relativ übersichtlich zu halten – zunächst eine fixe Einkommensteuer. Die Haushalte müssen also von ihrem Einkommen Y einen festen Betrag T an Steuern abführen.

Für das Nettoeinkommen Y_N gilt:

2.3 Das IS-LM-Modell – Die Therapie

$$Y_N = Y - T$$

Die Konsumfunktion lautet jetzt:

$$C^d = C_a + c(Y - T)$$

Im Gleichgewicht gilt:

$$Y_0 = C_a + c(Y_0 - T) + \bar{I} + \bar{G}$$

Auflösung nach Y_0 ergibt:

$$Y_0 = \frac{1}{1-c}(C_a - cT + \bar{I} + \bar{G})$$

Ableitung nach T ergibt:

$$\frac{\partial Y}{\partial T} = -\frac{c}{1-c}$$

Der Steuermultiplikator (mit einem fixen Steuerbetrag) ist negativ. Eine Senkung des Steuerbetrages wirkt positiv auf das Einkommen (und umgekehrt), da die Senkung das verfügbare Einkommen erhöht.

Der Staat kann also auch durch eine Senkung des Steuerbetrages die Konjunktur ankurbeln und zum Abbau der Arbeitslosigkeit beitragen.

Der Steuermultiplikator ist kleiner als der Staatsausgabenmultiplikator. Eine Erhöhung der Staatsausgaben wirkt zu 100 % auf den Multiplikator, während der Steuermultiplikator über das Nettoeinkommen nur mit dem Anteil der marginalen Konsumquote multiplikativ wirkt.

Fragen wir schließlich noch nach der Wirkung der Steuern, wobei wir jetzt einen einkommensabhängigen Steuersatz t annehmen.

Für das Nettoeinkommen Y_N gilt:

$$Y_N = Y - tY = (1-t)Y$$

Die Konsumfunktion lautet jetzt:

$$C^d = C_a + c(1-t)Y$$

Im Gleichgewicht gilt:

$$Y_0 = C_a + c(1-t)Y_0 + \bar{I} + \bar{G}$$

Auflösung nach Y_0 ergibt:

$$Y_0 = \frac{1}{1-c+ct}(C_a + \overline{I} + \overline{G})$$

Man könnte jetzt die Ableitung nach dem Steuersatz bilden. Aber aus einem bestimmten Grund gehen wir anders vor. Wir nehmen an, dass z. Bsp. die exogenen Investitionen einbrechen und damit einen Abschwung auslösen. Das Gleichgewichtseinkommen sinkt. Was wird passieren? Das Staatsbudget wird ins Defizit drehen, da das Steueraufkommen sinkt. Und ein Defizit im Staatsbudget wirkt stimulierend auf die Nachfrage. Es sind also keine wirtschaftspolitischen Entscheidungen hinsichtlich des Steuersatzes und der Staatsausgaben zu treffen. Steuersatz und Staatsausgaben bleiben konstant. Man spricht daher in diesem Zusammenhang von automatischen Stabilisatoren, da das Defizit gewissermaßen automatisch den Abschwung abbremst.

Zusammenfassung

Der Staat kann durch die Staatsausgaben und die Steuern Stabilisierungspolitik betreiben. Durch Erhöhung der Staatsausgaben übt er einen multiplikativen Effekt auf das Einkommen aus, der positiv von der marginalen Konsumquote abhängt. Durch eine Senkung der Steuern kann der Staat ebenfalls das Einkommen positiv beeinflussen.◄

2.3.5 Das IS-LM-Modell

Das IS-LM-Modell besteht aus einem güterwirtschaftlichen und einem geldwirtschaftlichen Gleichgewicht. Im Folgenden wird zunächst das güterwirtschaftliche Gleichgewicht und anschließend das geldwirtschaftliche Gleichgewicht dargestellt. Sodann wird die Wirkungsweise der Fiskalpolitik und der Geldpolitik erläutert. Die Botschaft ist, dass der Staat mit den konjunkturpolitischen Instrumenten der Geld- und Fiskalpolitik die gesamtwirtschaftliche Nachfrage stimulieren muss. Abschließend wird auf einige Sonderfälle eingegangen.

2.3.5.1 Güterwirtschaftliches Gleichgewicht – Die IS-Linie

In unserer bisherigen Vorgehensweise sind die Investitionen eine exogene Größe. Das ändern wir jetzt. Wovon hängt es ab, ob ein Unternehmen in neue Maschinen investiert oder den Gewinn am Kapitalmarkt in Wertpapieren anlegt? Das ist letztlich eine hochkomplizierte Frage. Wir machen uns die Sache einfach und nehmen an, dass im Investitionskalkül des Unternehmens jedenfalls der Zins eine nicht unwesentliche Rolle spielt. Und da der Zins im Investitionskalkül eine Kostenkomponente ist, ist die Investition negativ vom Zins abhängig. Niedrige Zinsen wirken positiv auf die Investitionsnachfrage. Wir können also die Investitionsfunktion wie folgt formulieren:

2.3 Das IS-LM-Modell – Die Therapie

$$I^d = \bar{I} - ai$$

Der zinsunabhängige Teil der Investitionsnachfrage ist $\bar{I}$, der Zins ist i und der zinsabhängige Teil ist durch ai charakterisiert.

Jetzt erweitern wir das keynesianische Kreuz um diese vom Zins abhängige Investitionsfunktion und leiten die IS-Linie ab. Zur Vereinfachung lassen wir zunächst den Staat weg. Das güterwirtschaftliche Gleichgewicht ist in Abb. 2.7 dargestellt.

Im oberen Teil der Abb. 2.7 sind neben dem Angebot Y^s zwei Nachfragefunktionen Y^{d1} und Y^{d2} mit zinsabhängigen Investitionsfunktionen abgetragen. Wir nehmen den Fall einer Zinssenkung an. Was wird passieren? Durch die Zinssenkung steigt die Investitionsnachfrage. Die Y^{d1}-Linie verschiebt sich parallel nach oben. Auf der Abszisse sehen wir, dass das Einkommen von Y_1 auf Y_2 steigt. Durch die steigende Investition steigt das Gleichgewichtseinkommen.

Das übertragen wir jetzt in den unteren Teil der Abb. 2.7 in ein i-Y-Achsenkreuz. Die Verbindung der beiden i-Y-Kombinationen ergibt eine Linie mit negativer Steigung. Diese Linie ist der geometrische Ort aller Zins-Einkommens-Kombinationen, die ein Gleichgewicht zwischen geplantem Angebot und geplanter Nachfrage bedeuten. Die Linie heißt Linie des güterwirtschaftlichen Gleichgewichts oder IS-Linie. Der Vorteil ist, dass man es

Abb. 2.7 Güterwirtschaftliches Gleichgewicht

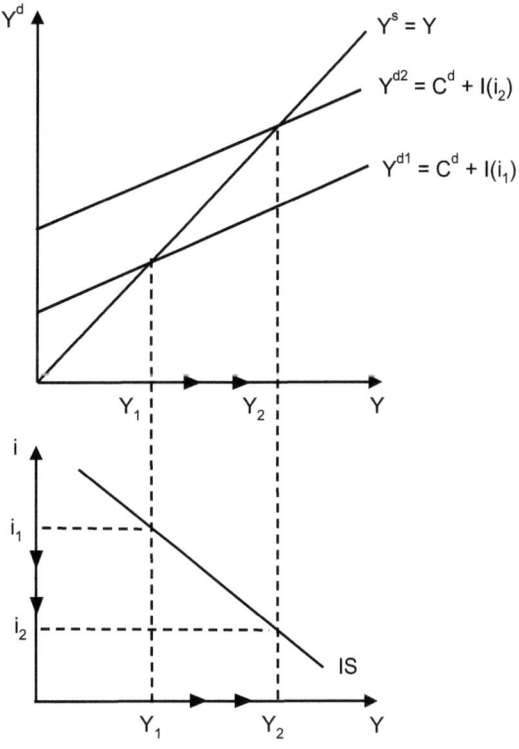

gegenüber dem keynesianischen Kreuz nur mit einer Linie zu tun hat. Allerdings ist der Abstraktionsgrad recht hoch.

Die Steigung der IS-Linie hängt insbesondere von der Zinselastizität der Investitionsnachfrage ab. Ist die Zinselastizität nur gering, so führt eine bestimmte Zinssenkung nur zu einer schwachen Zunahme der Investition. Reagiert die Investition dagegen auf eine bestimmte Zinssenkung sehr stark, dann steigt die Investition stärker an.

Wovon hängt die Lage der IS-Linie ab? Wenn wir nun zusätzlich den Staat einführen, dann kann der Staat durch eine Steigerung der Staatsausgaben und durch eine Senkung der Steuern expansiv auf die Gesamtnachfrage wirken. Im unteren Teil der Abb. 2.7 ist das eine Rechtsverschiebung der IS-Linie, da zu jedem Zins jetzt ein höheres Einkommen gehört.

▶ **Wir halten fest**
Die IS-Linie ist der geometrische Ort aller Zins-Einkommens-Kombinationen, die ein Gleichgewicht am Gütermarkt bedeuten. Die IS-Linie hat eine negative Steigung. Die IS-Linie ist umso steiler, je geringer die Zinselastizität der Investitionsnachfrage ist. Der Staat kann durch eine Steigerung der Staatsausgaben und durch eine Senkung der Steuern expansiv auf Produktion und Einkommen wirken. Die IS-Linie verschiebt sich hierdurch nach rechts.

2.3.5.2 Geldwirtschaftliches Gleichgewicht – Die LM-Linie

Wo kommt in unserem Modell eigentlich der Zins her? Damit wollen wir uns nun beschäftigen. Wir wenden die in der Volkswirtschaftslehre sehr verbreitete Methode an und fragen – nun auf das Thema Geld bezogen – nach Angebot und Nachfrage nach Geld.

Fragen wir zunächst nach den Größen, die die Geldnachfrage beeinflussen. Geld wird in erster Linie als Zahlungsmittel bei den alltäglichen einkommensabhängigen Transaktionen benutzt. Es liegt nahe, die Geldnachfrage von der Höhe des Einkommens abhängig zu machen. Je höher das Einkommen ist, desto höher ist die Nachfrage nach Geld.

Das Halten von Geld ist aber auch mit Kosten verbunden. Wenn man Geld hält, bringt es keine Zinsen. Betragen die Zinsen für eine kurzfristige Geldanlage z. Bsp. 20 %, dann wird man versuchen, jeden verfügbaren Euro nicht zu halten, sondern vorübergehend verzinslich anzulegen. Ist dagegen der Zins sehr niedrig, dann ist die Geldnachfrage hoch, da sie kaum Kosten verursacht. Man sagt, die Geldnachfrage verursacht Opportunitätskosten in Höhe der entgangenen Zinsen.

Insgesamt bedeutet das, dass die Geldnachfrage positiv vom Einkommen und negativ vom Zins abhängt. Es gilt für die Geldnachfrage:

$$L = kY - hi \quad k, h > 0$$

2.3 Das IS-LM-Modell – Die Therapie

L ist die Geldnachfrage (Liquiditätspräferenz), Y das Einkommen und i der Zins. Die Parameter k und h charakterisieren das Ausmaß der Einkommens- bzw. Zinsabhängigkeit der Geldnachfrage.

Kommen wir zum Geldangebot. Wie kommt das Geld in Umlauf? Die pauschale Antwort ist: Das Bankensystem bringt das Geld in Umlauf. Zur Vereinfachung nehmen wir an, dass eine fest vorgegebene Geldmenge M im Umlauf ist, deren Höhe von der staatlichen Zentralbank kontrolliert wird. Zusammen mit der Annahme des konstanten Preisniveaus gilt hiernach für das reale Geldangebot:

$$\frac{M}{P} = \frac{\overline{M}}{\overline{P}}$$

Nun können wir das Gleichgewicht am Geldmarkt wie folgt formulieren:

$$\frac{\overline{M}}{\overline{P}} = kY - hi$$

Das Gleichgewicht am Geldmarkt und die daraus abgeleitete LM-Linie sind in Abb. 2.8 dargestellt.

In dem linken Teil der Abb. 2.8 steht auf der Ordinate der Zins und auf der Abszisse die reale Geldmenge. Das Geldangebot $(M/P)^s$ ist fest vorgegeben und folglich eine Senkrechte. Nun sind zwei Geldnachfragelinien eingezeichnet, die positiv vom Einkommen und negativ vom Zins abhängen. Die Linien haben eine negative Steigung, da die Geldnachfrage negativ vom Zins abhängt. Die Schnittpunkte stellen jeweils ein Gleichgewicht

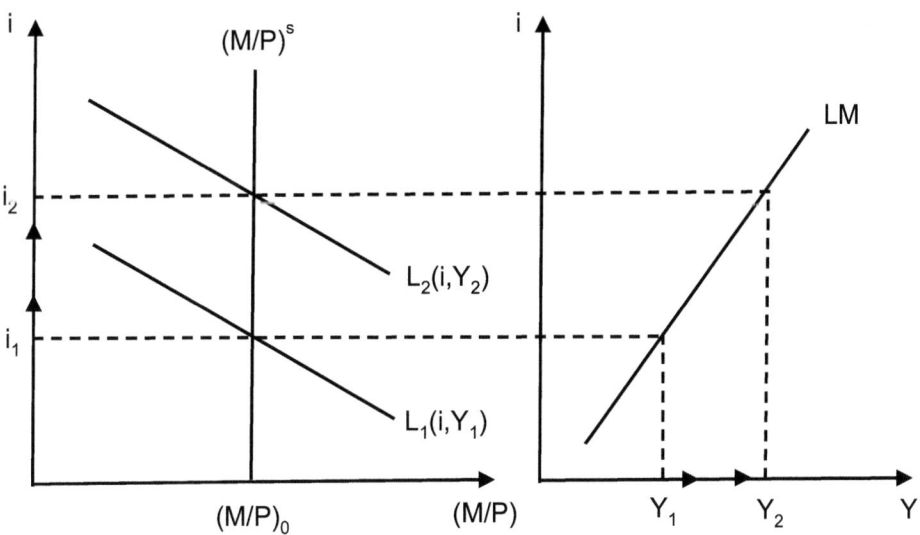

Abb. 2.8 Geldwirtschaftliches Gleichgewicht

dar. Gehen wir z. Bsp. von einem Einkommen Y_1 aus, zu welchem die Geldnachfrage L_1 gehört. Bei einem Zins von i_1 ist der Geldmarkt dann im Gleichgewicht. Nun nehmen wir an, dass das Einkommen z. Bsp. infolge eines Konjunkturaufschwungs steigt von Y_1 auf Y_2. Die Geldnachfrage nimmt zu, da die Geldnachfrage positiv vom Einkommen abhängt. Aber das Geldangebot bleibt konstant. Folglich steigt der Zins von i_1 auf i_2. Das freie Spiel des Zinses ist gewissermaßen der Ausgleichsmechanismus, der den Geldmarkt ins Gleichgewicht bringt.

Nun machen wir das gleiche Spiel wie oben in Abb. 2.7. Wir übertragen den linken Teil der Abb. 2.8 nach rechts in ein i-Y-Achsenkreuz. Die Verbindung der beiden i-Y-Kombinationen ergibt eine Linie mit positiver Steigung. Die positive Steigung der Linie kommt daher, dass – bei konstanter Geldmenge – bei steigendem Zins die zinsabhängige Geldnachfrage sinkt und damit Raum schafft für die einkommensabhängige Geldnachfrage. Die Linie ist der geometrische Ort aller Zins-Einkommens-Kombinationen, die ein Gleichgewicht am Geldmarkt bedeuten. Die Linie heißt Linie des geldwirtschaftlichen Gleichgewichts oder LM-Linie. Der Vorteil ist, dass man es gegenüber der Darstellung des Geldmarktgleichgewichts nur mit einer Linie zu tun hat.

Die Steigung der LM-Linie hängt insbesondere von der Zinselastizität der Geldnachfrage ab. Wir können uns zur Verdeutlichung den Extremfall vorstellen, dass die Zinselastizität der Geldnachfrage null ist. Das bedeutet, dass die Opportunitätskosten der Geldhaltung in Form des Zinses für die Geldhaltung überhaupt keine Rolle spielen. Die Wirtschaftssubjekte verwenden einen Teil k der gesamten umlaufenden Geldmenge nur für die Abwicklung der einkommensabhängigen Transaktionen. Die LM-Linie ist in diesem Fall vom Zins völlig unabhängig, verläuft also senkrecht.

Wovon hängt die Lage der LM-Linie ab? Hierzu stellen wir uns vor, dass die Zentralbank die Geldmenge erhöht. Im linken Teil der Abb. 2.8 verschiebt sich die senkrechte Geldangebotslinie nach rechts. Im rechten Teil der Abb. 2.8 verschiebt sich die LM-Linie dann ebenfalls nach rechts. Im i-Y-Achsenkreuz ist jetzt bei jedem Einkommensniveau der Zins niedriger. Das ist ein ganz wichtiger Punkt. Die Zentralbank kann durch Variation der Geldmenge offensichtlich den Zins beeinflussen. Die strategische Größe Zins ist nicht mehr von irgendwelchen zufälligen Gold-Entdeckungen abhängig, sondern kann von Menschenhand beeinflusst werden. Die Zentralbank hat die Macht über den Zins.

▶   **Wir halten fest**
Die LM-Linie ist der geometrische Ort aller Zins-Einkommens-Kombinationen, die ein Gleichgewicht am Geldmarkt bedeuten. Die LM-Linie hat eine positive Steigung. Die LM-Linie ist umso steiler, je geringer die Zinselastizität der Geldnachfrage ist. Die Zentralbank kann durch eine Ausweitung der Geldmenge den Zins senken und damit die Investition anregen. Die LM-Linie verschiebt sich hierdurch nach rechts.

2.3.5.3 Geld- und Fiskalpolitik im IS-LM-Modell

Nun sind wir auf dem Gipfel der Erkenntnis angelangt. Wir können die IS-Linie und die LM-Linie zusammenführen.

Das IS-LM-Modell ist in Abb. 2.9 dargestellt.

In Abb. 2.9 sind der Zins i auf der Ordinate und die Produktion (das Einkommen) Y auf der Abszisse die beiden strategischen Variablen in einer geschlossenen Volkswirtschaft mit Staat. Der Schnittpunkt in Abb. 2.9 ist das Gleichgewichtseinkommen bei dem Zins i_0 und dem Einkommen Y_0. Auf dieses Gleichgewicht zwischen Angebot Y^s und Nachfrage Y^d bewegen sich der Zins und das Einkommen zu als ein sich selbst regulierender Prozess. Aber dieses Gleichgewicht liegt bei unzureichender Nachfrage unterhalb des Vollbeschäftigungseinkommens (nicht eingezeichnet). Und es gibt – zumindest kurzfristig – keinen Mechanismus, der die Volkswirtschaft aus sich selbst heraus zur Vollbeschäftigung führt. Das ist die Botschaft des Keynesianismus. Es braucht den Staat, der mit den Instrumenten der Geld- und Fiskalpolitik der Nachfrage auf die Sprünge hilft.

Fragen wir zunächst nach der Fiskalpolitik. Wir haben erfahren, dass der Staat durch Erhöhung der Staatsausgaben und durch Senkung der Steuern direkt die gesamtwirtschaftliche Nachfrage positiv beeinflussen kann. In Abb. 2.7 verschiebt sich die IS-Linie nach rechts. Die Wirkung dieser expansiven Fiskalpolitik ist in Abb. 2.10 dargestellt.

Abb. 2.9 Das IS-LM-Modell

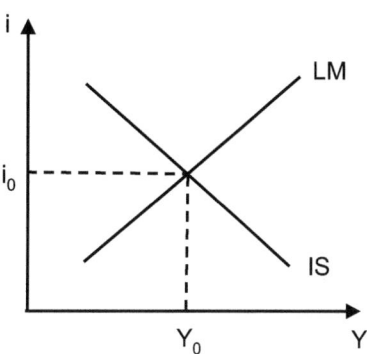

Abb. 2.10 Expansive Fiskalpolitik

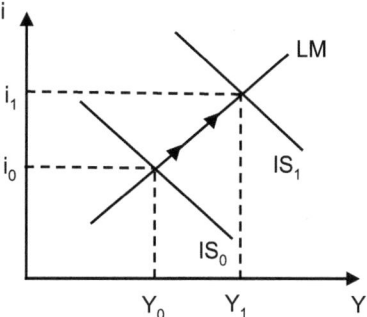

In Abb. 2.10 steigt durch die expansive Fiskalpolitik das Einkommen von Y_0 auf Y_1. Der Staat erhöht durch seine Nachfrage nach Waren und Diensten (Erhöhung der Staatsausgaben) und durch die Anregung des privaten Konsums (Steuersenkung) das Einkommen und die Produktion. Allerdings hat diese isolierte Politik auch einen Nachteil. Die Zinsen steigen von i_0 auf i_1. Und damit sinkt die Investition, da diese negativ vom Zins abhängt. Man nennt das den Verdrängungseffekt (Crowding-out-Effekt).

Fragen wir nunmehr nach den Möglichkeiten der Geldpolitik in dem IS-LM-Modell. Wir haben erfahren, dass die staatliche Zentralbank durch Erhöhung der Geldmenge den Zins nach unten drücken kann. In Abb. 2.8 verschiebt sich die LM-Linie nach rechts. Die Wirkung dieser expansiven Geldpolitik ist in Abb. 2.11 dargestellt.

In Abb. 2.11 steigt durch die expansive Geldpolitik das Einkommen von Y_0 auf Y_1. Die staatliche Zentralbank kann durch Erhöhung der Geldmenge den Zins von i_0 nach i_1 senken. Die negativ vom Zins abhängige Investition wird angeregt und damit steigt das Einkommen und die Produktion von Y_0 auf Y_1.

Zusammenfassung

Das IS-LM-Modell ist ein kurzfristiges Modell zur Analyse des Einkommens (der Produktion) bei konstantem Preisniveau und unzureichender Nachfrage. Das Modell ist nachfrageorientiert. Die Nachfrage bestimmt das Angebot und nicht umgekehrt. Der Zins und das Einkommen (die Produktion) sind die beiden strategischen Variablen, die es durch die Geld- und Fiskalpolitik zu beeinflussen gilt. Durch Erhöhung der Staatsausgaben und Steuersenkung (Fiskalpolitik) und durch Erhöhung der Geldmenge und damit indirekt Zinssenkung (Geldpolitik) kann und muss der Staat bei unzureichender Nachfrage die gesamtwirtschaftliche Nachfrage stimulieren.◄

Abb. 2.11 Expansive Geldpolitik

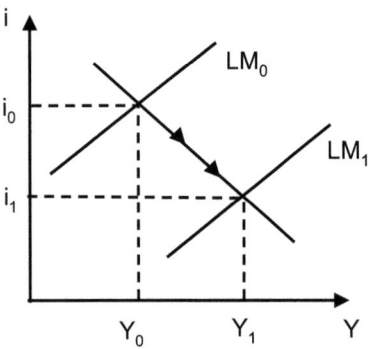

2.3.5.4 Sonderfälle

Wir wollen jetzt noch auf einige Sonderfälle eingehen, die für die Erfolgsaussichten der Geld- und Fiskalpolitik von einer gewissen Bedeutung sind. Im Text haben wir diese Sonderfälle mit den Schlagworten Zinselastizität der Investitionsnachfrage und Zinselastizität der Geldnachfrage bereits beschrieben. Systematisch können wir die Sonderfälle wie folgt sortieren:

1. IS-Linie waagrecht
2. IS-Linie senkrecht
3. LM-Linie waagrecht
4. LM-Linie senkrecht

IS-Linie waagrecht:
   Verläuft die IS-Linie waagrecht, dann hat eine expansive Geldpolitik mit der Folge einer Zinssenkung maximale Wirkung. Geringste Zinssenkungen lösen eine maximale Investitionssteigerung aus. Wird die Geldmenge erhöht, dann schlagen Zinsänderungen durch bis zum Investitionsmultiplikator. In einer Rezession ist das der Traum jeder Geldpolitik.

IS-Linie senkrecht:
   Verläuft die IS-Linie senkrecht, dann hat die Geldpolitik keine Möglichkeit, durch Zinssenkung die Investitionsnachfrage zu stimulieren, da diese vom Zins überhaupt nicht abhängt. Man nennt das auch die Investitionsfalle. Gerade während einer Rezession ist dieser Fall nicht auszuschließen. Die Absatzerwartungen der Unternehmen sind so pessimistisch, dass die Unternehmen in den Investitionsstreik treten.

LM-Linie waagrecht:
   Verläuft die LM-Linie waagrecht, dann wird Geld nur aus Spekulationsgründen gehalten und verschwindet – bildlich gesprochen – in der Liquiditätsfalle (Keynes).
   Die beiden Fälle der senkrechten IS-Linie und der waagrechten LM-Linie bedeuten, dass die gesamtwirtschaftliche Nachfrage nicht von der Geldpolitik gesteuert werden kann. Im Fall der senkrechten IS-Linie hat eine Erhöhung der Geldmenge zwar Zinssenkungen zur Folge, löst aber keine Investitionsnachfrage aus. Und im Fall der waagrechten LM-Linie hat eine Erhöhung der Geldmenge keine Auswirkungen auf das Zinsniveau. Die Folge ist, dass eine expansive Geldpolitik verpufft. Keynes schätzt daher die Möglichkeiten einer expansiven Geldpolitik nicht sehr hoch ein, sondern hält eine expansive Fiskalpolitik im Falle einer Rezession für das einzig taugliche Mittel.

LM-Linie senkrecht:
   Verläuft die LM-Linie senkrecht, dann hat eine expansive Fiskalpolitik keine Auswirkungen auf Produktion und Einkommen. Wird eine expansive Fiskalpolitik verfolgt, dann löst das so starke Zinssteigerungen aus, dass die vom Zins abhängige Investition genau in dem Maße sinkt, in dem die Staatsausgaben bzw. die Steuersenkung expansiv wirken. Es

wird z. Bsp. eine Autobahn gebaut und dafür werden Bauarbeiter beschäftigt, aber in der Investitionsgüterindustrie werden genauso viele Erwerbstätige arbeitslos. Man nennt das den Verdrängungseffekt (Crowding-out-Effekt).

Literatur

Projektgruppe Gemeinschaftsdiagnose (Hrsg.). (2023). Kaufkraft kehrt zurück – Politische Unsicherheit hoch. Gemeinschaftsdiagnose Herbst 2023.

Sachverständigenrat zur Begutachtung der gesamtwirtschaftlichen Entwicklung. (2022). Energiekrise solidarisch bewältigen, neue Realitäten gestalten. Jahresgutachten 2022/23.

Weiterführende Literatur

Blanchard, O. et al. (2021). Makroökonomie. 8. Aufl. Pearson. Kapitel 3–5.

Bofinger, P. (2020). Grundzüge der Volkswirtschaftslehre. 5. Aufl. Pearson. Kapitel 17, 19, 24.

Keynes, J. M. (1936). The General Theory of Employment, Interest and Money. Reprint 1967. Macmillan.

Mankiw, N. G. (2024). Makroökonomik. 8. Aufl. Schäffer-Poeschel. Kapitel 12, 13.

Zielkonflikte – Die mittlere Frist 3

Fünf Prozent Preisanstieg sind leichter zu ertragen als fünf Prozent Arbeitslosigkeit

Helmut Schmidt, 1972

3.1 Das AS-AD-Modell

Das AS-AD-Modell ist ein preisniveaubasiertes Angebot-Nachfrage-Modell. Mittelfristig nähert sich die Wirtschaft allmählich der Vollbeschäftigung. Es kommt zu Kapazitätsengpässen und zu einem Zielkonflikt zwischen Preisniveaustabilität und Vollbeschäftigung. Dieser Zielkonflikt steht im Mittelpunkt.

Im Folgenden wird zunächst eine Verbindung hergestellt zwischen dem IS-LM-Modell mit einem konstanten Preisniveau und der AD-Kurve, in der das Preisniveau variabel ist. Sodann werden nach einer Erläuterung der Phillips-Kurve die Bestandteile des AS-AD-Modells in Form der kurz- und der langfristigen AS-Kurven dargestellt.

3.1.1 Von dem IS-LM-Modell zur AD-Kurve

In Kap. 2 wurde das IS-LM-Modell behandelt. In diesem kurzfristigen Modell wird durchweg ein konstantes Preisniveau unterstellt. Diese Annahme ändern wir jetzt. Wir gehen über zu einer mittelfristigen Betrachtungsweise. Damit ist gemeint, dass sich die Volkswirtschaft allmählich der Kapazitätsgrenze nähert und Kapazitätsengpässe die Unternehmen zu Preiserhöhungen zwingen. Kurz: Wir lassen die Annahme eines konstanten Preisniveaus fallen und gehen zu Modellen über, in denen das Preisniveau variabel ist.

Abb. 3.1 Die AD-Kurve

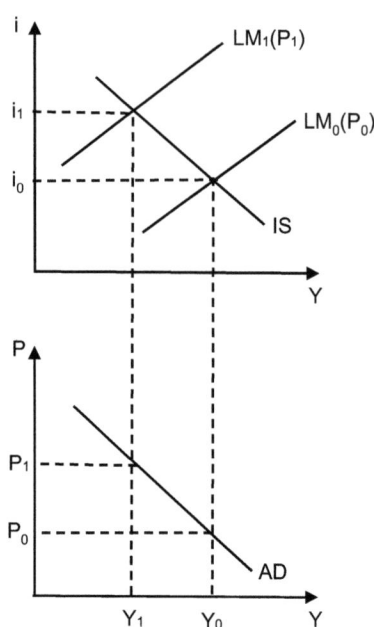

Wir beginnen mit der Herleitung einer vom Preisniveau abhängigen gesamtwirtschaftlichen Nachfrage AD (AD = Aggregate Demand). Die Herleitung der AD-Kurve aus dem IS-LM-Modell ist in Abb. 3.1 dargestellt.

Im oberen Teil der Abb. 3.1 ist das IS-LM-Modell mit zwei LM-Linien abgetragen. Im IS-LM-Modell sind Geldnachfrage und Geldangebot reale Größen. Wir nehmen an, dass das Preisniveau von P_0 auf $P_1 > P_0$ steigt. Bei konstanter nominaler Geldmenge M nimmt also die reale Geldmenge (M/P) ab. Im oberen Teil der Abb. 3.1 verschiebt sich die LM-Linie wegen des steigenden Preisniveaus von LM_0 nach links auf LM_1. Der Zins steigt von i_0 auf $i_1 > i_0$, weil die reale Geldmenge durch das steigende Preisniveau sinkt. Man nennt das den Zinseffekt (auch: Keynes-Effekt), weil dieser Effekt auf die Investitionsnachfrage wirkt.

Das übertragen wir jetzt in den unteren Teil der Abb. 3.1 in ein P-Y-Achsenkreuz. Die Verbindung der beiden P-Y-Kombinationen ergibt eine Linie mit negativer Steigung. Dies ist die AD-Kurve.

Wovon hängt die Lage der AD-Kurve ab? Das ist die Frage nach den Möglichkeiten der Geld- und Fiskalpolitik, die wir in Kap. 2 kennengelernt haben. Der Staat kann durch eine expansive Geldpolitik und durch eine expansive Fiskalpolitik die gesamtwirtschaftliche Nachfrage anregen. Wie das im Detail vor sich geht, haben wir in Kap. 2 ausführlich kennengelernt. Durch diese stabilisierungspolitischen Maßnahmen verschiebt sich die AD-Kurve für jedes gegebene Preisniveau nach rechts.

▶ **Wir halten fest**
Die gesamtwirtschaftliche Nachfrage AD hängt negativ vom Preisniveau ab. Im P-Y-Diagramm ist die Steigung der AD-Kurve negativ. Der Staat kann die gesamtwirtschaftliche Nachfrage durch expansive Geld- und Fiskalpolitik anregen. Im P-Y-Diagramm verschiebt sich die AD-Kurve nach rechts.

Eine Änderung des Preisniveaus bedeutet allerdings nicht, dass wir jetzt in dem AS-AD-Modell mit der Variablen Inflationsrate argumentieren. Es handelt sich lediglich um eine sog. Komparative Statik. Was heißt das?

Komparative Statik
Bei einer komparativ-statischen Analyse werden lediglich zwei Zustände miteinander verglichen, ohne dass auf den Anpassungsprozess eingegangen wird. In dem AS-AD-Modell steht dann in den grafischen Darstellungen bei der Herleitung der AD-Kurve aus dem IS-LM-Modell auf der Ordinate der Nominalzins i bzw. das Preisniveau P als Variable.

Was bedeutet das für das Preisniveau? Das Preisniveau kann sich zwar ändern. Aber nach vollzogener Änderung ist das neue Preisniveau dann wieder konstant, d. h. die Inflationsrate ist null.

Was bedeutet das für den Nominalzins i? Zwischen Nominalzins i und Realzins r besteht über die Fisher-Gleichung eine eindeutige Beziehung. Es gilt $r = i - \pi$. Und da die Inflationsrate null ist, ist der Realzins gleich dem Nominalzins.

Kurz: Änderungen der Inflationsrate sind in dem AS-AD-Modell nicht darstellbar.

3.1.2 Die Phillips-Kurve

Nach der AD-Kurve müssen wir nun eine vom Preisniveau abhängige gesamtwirtschaftliche Angebotskurve AS herleiten (AS = Aggregate Supply). Im AS-AD-Modell wird eine kurzfristige und eine langfristige AS-Kurve unterschieden. Wir leiten zunächst die kurzfristige AS-Kurve ab. Hierzu müssen wir einen kleinen Umweg über die Phillips-Kurve machen.

Im Folgenden werden zunächst verschiedene Ausprägungen von Phillips-Kurven dargestellt, wobei besonderes Gewicht auf die Bedeutung des Inflationsziels der Zentralbank gelegt wird. Sodann wird auf drei verschiedene Interpretationen der Phillips-Kurve eingegangen. Schließlich wird der Zusammenhang zwischen Inflationsrate und Produktionslücke formuliert, auf dessen Grundlage dann die kurzfristige AS-Kurve erläutert werden kann.

3.1.2.1 Darstellung
Der Ökonom Phillips stellte 1958 eine negative Abhängigkeit zwischen Nominallohnsteigerung und Arbeitslosenquote fest. Die Phillips-Kurve ist seitdem nicht mehr aus der Makroökonomik wegzudenken.

Formal kann die Phillips-Kurve wie folgt dargestellt werden:

$$gW = \beta(\bar{U} - U) \quad \beta < 0 \tag{3.1}$$

In Gleichung Gl. 3.1 ist W der Nominallohn, g ist die Wachstumsrate (g = growth rate), Ū ist die natürliche Arbeitslosenquote bei Vollbeschäftigung, U ist die Arbeitslosenquote (unemployment rate) und β ist ein Proportionalitätsfaktor. Die Gleichung Gl. 3.1 besagt, dass die Nominallohnsteigerungsrate gW (linke Seite) negativ von der Beschäftigungssituation (rechte Seite) abhängt. Je niedriger die Arbeitslosenquote U ist, um so höhere Nominallohnsteigerungsraten gW können durchgesetzt werden.

Der Befund, den Phillips entdeckte, kann mit der Verhandlungsposition der Gewerkschaften erklärt werden. Im Boom bei leergefegtem Arbeitsmarkt und Überbeschäftigung haben die Gewerkschaften eine stärkere Verhandlungsposition und können höhere Nominallohnsteigerungsraten durchsetzen als bei schlechter Konjunktur und hoher Arbeitslosigkeit.

Man nennt die Gleichung Gl. 3.1 auch die ursprüngliche Phillips-Kurve. Diese ursprüngliche Phillips-Kurve kann nun in zweifacher Weise weiterentwickelt werden.

Erstens wird anstatt der Nominallohnsteigerungsrate gW die Inflationsrate angesetzt. Löhne sind für die Unternehmen Kosten und werden – abzüglich eines Produktivitätsfortschritts – auf die Preise überwälzt. Der Einfachheit halber sehen wir von einem Produktivitätsfortschritt ab. Die modifizierte Phillips-Kurve kann dann wie folgt formuliert werden (π = Inflationsrate):

$$\pi = \beta(\bar{U} - U) \tag{3.2}$$

Zweitens wird die von den Tarifpartnern erwartete Inflationsrate berücksichtigt. Die um die erwartete Inflationsrate erweiterte Phillips-Kurve lautet dann (π^e = erwartete Inflationsrate):

$$\pi = \pi^e + \beta(\bar{U} - U) \tag{3.3}$$

In der Gleichung Gl. 3.1 für die ursprüngliche Phillips-Kurve fehlen Inflationsraten völlig. Das liegt daran, dass die ursprüngliche Untersuchung von Phillips aus einer inflationsfreien Zeit stammt. Mit anderen Worten: Die ursprüngliche Phillips-Kurve gilt nur für Inflationsraten von null.

Die Gleichungen Gl. 3.1 und 3.3 sind in Abb. 3.2 dargestellt.

Beginnen wir mit der unteren Kurve in Abb. 3.2, der ursprünglichen Phillips-Kurve. Hier ist auf der Ordinate die Nominallohnsteigerungsrate gW abgetragen und auf der Abszisse die Arbeitslosenquote U. Die Gleichung Gl. 3.1 besagt, dass die Nominallohnsteigerungsrate gW umso höher ist, je niedriger die Arbeitslosenquote U ist. Das ist der Befund, den Phillips 1958 entdeckte. Streng genommen sind hierbei die Inflationsraten null. Die damalige Untersuchung von Phillips stammt aus einer inflationsfreien Zeit.

Kommen wir nun zur oberen Kurve in Abb. 3.2, der Phillips-Kurve mit Inflationserwartung. Hier ist auf der Ordinate die tatsächliche Inflationsrate π abgetragen und auf der

3.1 Das AS-AD-Modell

Abb. 3.2 Phillips-Kurven

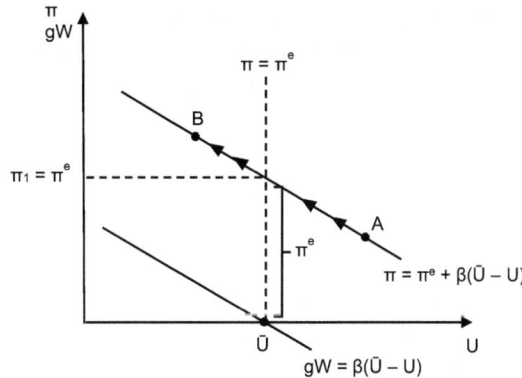

Abszisse die Arbeitslosenquote U. Auf der Ordinate ist $\pi_1 = \pi^e$ besonders gekennzeichnet. Die erwartete Inflationsrate ist π^e. Die erwartete Inflationsrate π^e charakterisiert das angestrebte Inflationsziel der Zentralbank. Hier wird die entscheidende Bedeutung einer glaubhaften Politik der Zentralbank deutlich. Wenn die Zentralbank nicht glaubhaft ist, dann laufen die Inflationserwartungen gewissermaßen aus dem Ruder und es droht eine Lohn-Preis-Spirale.

Stellen wir uns nun auf der Phillips-Kurve eine Bewegung von A nach B vor. Die Wirtschaft bewegt sich aus einer Situation mit hoher Arbeitslosigkeit (U > Ū) in eine Situation mit Überbeschäftigung (U < Ū). Die tatsächliche Inflationsrate steigt über die erwartete Inflationsrate an und die Arbeitslosenquote sinkt. Die Voraussetzung ist allerdings, dass der Nominallohn W nicht mit ansteigt und im einfachsten Fall konstant bleibt. Unter dieser Voraussetzung sinkt der Reallohn (W/P) wegen der steigenden Inflationsrate und folglich steigt die Beschäftigung, weil bei sinkendem Reallohn der Faktor Arbeit für die Unternehmen billiger wird. Wir haben hier den berühmt-berüchtigten Fall des Zielkonflikts zwischen Vollbeschäftigung und Preisniveaustabilität vor uns.

Aber das liegt nur daran, dass die Arbeitnehmer die Inflationsrate unterschätzen. Wenn die Arbeitnehmer dagegen die Inflationsrate korrekt antizipieren, ändert sich die Arbeitslosenquote überhaupt nicht. Das ist z. Bsp. der Fall, wenn die Zentralbank nicht mehr glaubhaft ist und einen unkontrollierten Anstieg der Inflationsrate einfach zulässt. In Abb. 3.2 kommt das dadurch zum Ausdruck, dass $\pi^e = \pi$ ist. Die senkrechte gestrichelte Linie bedeutet, dass der unkontrollierte Inflationsanstieg korrekt antizipiert wird und in Nominallohnsteigerungen umgesetzt wird. Die senkrechte gestrichelte Linie wird auch als langfristige Phillips-Kurve bezeichnet.

3.1.2.2 Drei Interpretationen der Phillips-Kurve

Die Phillips-Kurve kann ganz unterschiedlich interpretiert werden. Zur Vermeidung möglicher Missverständnisse wollen wir drei verschiedene Interpretationen unterscheiden.

Erste Interpretation – Inflationstheorie

Erstens kann die Phillips-Kurve mit Inflationserwartung gemäß Gleichung Gl. 3.3 als Inflationstheorie interpretiert werden. Auf der Abszisse steigt die Produktion (Ursache; gemessen an der sinkenden Arbeitslosenquote). Auf der Ordinate steigt die Inflationsrate (Folge). Die Produktion (Ursache) bestimmt die Inflationsrate (Folge). Einfach ausgedrückt: Bei guter Konjunktur und hoher Nachfrage steigen die Preise.

▶ **Wir halten fest**
Die Phillips-Kurve kann als Inflationstheorie interpretiert werden. Das bedeutet, dass es bei steigender Produktion irgendwann zu Kapazitätsengpässen kommt, die Volkswirtschaft an die Vollbeschäftigungsgrenze stößt und deswegen die Inflationsrate steigt. Die Produktion bestimmt die Inflationsrate.

Zweite Interpretation – Zielkonflikt

Zweitens kann die Phillips-Kurve als Zielkonflikt gedeutet werden. Die Kausalität wird jetzt gewissermaßen umgedreht. Auf der Ordinate steigt die Inflationsrate (Ursache). Auf der Abszisse sinkt die Arbeitslosenquote (Folge). Die Inflationsrate bestimmt die Produktion (gemessen an der Arbeitslosenquote). Das ist der Fall des Zielkonflikts. Beide Ziele – sowohl Preisniveaustabilität als auch Vollbeschäftigung – sind nicht gleichzeitig erreichbar. Der Zielkonflikt ist aber nur unter der Voraussetzung zutreffend, dass die Arbeitnehmer diesen Inflationsanstieg unterschätzen und der Nominallohn – im einfachsten Fall – einfach konstant bleibt.

▶ **Wir halten fest**
Die Interpretation der Phillips-Kurve als Zielkonflikt gilt nur unter der Voraussetzung, dass die Arbeitnehmer den Anstieg der Inflationsrate unterschätzen.

Dritte Interpretation – Jobs durch Inflation

Die dritte Interpretation beruht auf einer groben Vereinfachung und letztlich Falsch-Darstellung. In der Phillips-Kurve mit dem Zielkonflikt wird die Voraussetzung, dass nämlich die Arbeitnehmer den Inflationsanstieg unterschätzen, einfach unterschlagen. Das gipfelt dann in der Vorstellung, mit Inflation sei es möglich, Jobs zu schaffen. Diese Vorstellung ist jedoch falsch bis kontraproduktiv. Wenn die Tarifparteien in Lohnverhandlungen jeden Glauben an das Primat der Preisniveaustabilität verlieren – die Zentralbank ist nicht mehr glaubhaft -, dann werden Tarifabschlüsse mit völlig überhöhten Lohnabschlüssen kontrahiert. In Abb. 3.2 verschiebt sich die Phillips-Kurve nach oben. Die Folge ist eine sog. Lohn-Preis-Spirale. Kurz: Die Inflation steigt und die Arbeitslosigkeit bleibt im günstigsten Fall unverändert oder steigt sogar an (sog. Stagflation).

▶ **Wir halten fest**
Die Vorstellung, allein durch Inflation die Arbeitslosigkeit zu bekämpfen, ist irreführend.

3.1.2.3 Phillips-Kurve und Produktion

Die Gleichung Gl. 3.3 kann auch noch anders formuliert werden. In Abb. 3.2 ist auf der Abszisse die Arbeitslosenquote abgetragen. Nun besteht zwischen Arbeitslosigkeit und Produktion ein enger Zusammenhang. Wir können also auf der Abszisse auch die Produktion anstelle der Arbeitslosenquote abtragen. Eine entsprechende Gleichung lautet dann wie folgt:

$$\pi = \pi^e + \gamma(Y - Y_V) \quad \gamma > 0 \tag{3.4}$$

In Gleichung Gl. 3.4 ist Y die Produktion (das BIP) und Y_V die Produktion bei Vollbeschäftigung. Der Klammerausdruck ($Y - Y_V$) ist die absolute Produktionslücke. γ ist ein Proportionalitätsfaktor und π und π^e haben die gleiche Bedeutung wie bisher. Die Gleichung Gl. 3.4 ist in Abb. 3.3 dargestellt.

Abb. 3.3 verdeutlicht, dass mit steigender Produktion die Inflationsrate steigt. Der Konjunkturindikator ist die absolute Produktionslücke. Die Phillips-Kurve wird hier also als Inflationstheorie interpretiert. Diese Phillips-Kurve hat gegenüber der Phillips-Kurve gemäß Gleichung Gl. 3.3 jetzt eine positive Steigung. Das liegt daran, dass mit steigender Produktion die Arbeitslosigkeit sinkt (und umgekehrt). Wegen dieser Gegenläufigkeit ist die Steigung jetzt positiv.

Die erwartete Inflationsrate π^e ist das Inflationsziel der Zentralbank. Hier wird zum wiederholten Mal die Bedeutung einer glaubhaften Politik der Zentralbank zur Sicherung der Preisniveaustabilität deutlich. Die Marktteilnehmer – insbesondere die Tarifpartner – müssen erwarten können, dass die Zentralbank es ernst meint mit dem Inflationsziel. In der

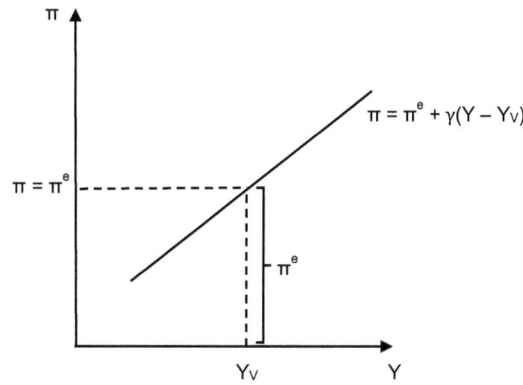

Abb. 3.3 Phillips-Kurve und Produktion

Gleichung Gl. 3.4 kommt das dadurch zum Ausdruck, dass bei $\pi = \pi^e$ (die Zentralbank ist glaubhaft) die Produktion Y gleich der Vollbeschäftigungsproduktion Y_V ist.

3.1.3 Die kurzfristige AS-Kurve

Nach diesen Vorbereitungen sind wir jetzt in der Lage, unser eigentliches Ziel anzugehen, nämlich die kurzfristige AS-Kurve aus der Phillips-Kurve herzuleiten.

Ausgangspunkt ist die Phillips-Kurve gemäß Gleichung Gl. 3.4. Nun müssen wir uns an die Herleitung der AD-Kurve in Abb. 3.1 erinnern. In Abb. 3.1 steht auf der Ordinate das Preisniveau P und nicht die Inflationsrate π. In dem AS-AD-Modell wird ausschließlich mit dem Preisniveau P argumentiert und nicht mit der Inflationsrateπ. Anstelle der Inflationsrate muss also im AS-AD-Modell das Preisniveau P bzw. das erwartete Preisniveau P^e angesetzt werden. Eine entsprechende Gleichung lautet:

$$P = P^e + \gamma(Y - Y_V) \tag{3.5}$$

Die Gleichung Gl. 3.5 kann umgeformt und nach Y aufgelöst werden. Eine entsprechende Gleichung lautet dann wie folgt:

$$Y = Y_V + \alpha(P - P^e) \tag{3.6}$$

In Gleichung Gl. 3.6 ist Y die Produktion, Y_V ist die Produktion bei Vollbeschäftigung, α ist ein Proportionalitätsfaktor und der Klammerausdruck $(P - P^e)$ ist jetzt im AS-AD-Modell der Konjunkturindikator. Wenn das Preisniveau P genau dem erwartetet Preisniveau P^e entspricht, dann ist die Produktion Y gleich der Vollbeschäftigungsproduktion Y_V. Die Gleichung Gl. 3.6 ist in Abb. 3.4 dargestellt.

Abb. 3.4 Die kurzfristige AS-Kurve

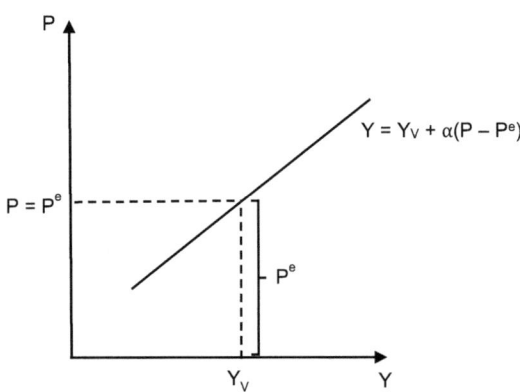

Die kurzfristige AS-Kurve in Abb. 3.4 ist jetzt allerdings keine Inflationstheorie mehr, sondern eine Phillips-Kurve, die als Zielkonflikt zu interpretieren ist. Das zeigt die folgende Erläuterung zur Steigung der kurzfristigen AS-Kurve.

Im AS-AD-Modell wird eine Lohnstarrheit unterstellt. Der Nominallohn ist aufgrund tariflicher Bindungen relativ starr, im einfachsten Fall konstant. Wenn das Preisniveau P steigt, dann sinkt der Reallohn (W/P). Da bei sinkendem Reallohn der Faktor Arbeit für die Unternehmen billiger wird, steigt die Produktion. Das ist eine Bewegung auf der kurzfristigen AS-Kurve nach oben. Die kurzfristige AS-Kurve ist also hier keine Inflationstheorie, sondern ist eine Phillips-Kurve, die mithilfe der Annahme der Lohnstarrheit als Zielkonflikt gedeutet wird. Der Anstieg des Preisniveaus ist der Preis, der gezahlt werden muss, damit Produktion und Beschäftigung zunehmen. Das ist der Zielkonflikt.

Wovon hängt die Lage der kurzfristigen AS-Kurve ab? Wenn das erwartete Preisniveau P^e steigt, dann verschiebt sich die kurzfristige AS-Kurve nach oben (und umgekehrt). Man kann sich das damit erklären, dass der Auslöser für den Preisanstieg ein Anstieg des Kostenniveaus ist und die Unternehmen versuchen, diese Kostenerhöhung auf die Preise zu überwälzen. Man erkennt auch hier wieder die eminente Bedeutung einer stabilitätsorientierten Geldpolitik, die die Inflationsrate unter Kontrolle hält.

▶ **Wir halten fest**
Die kurzfristige AS-Kurve bedeutet einen Zielkonflikt zwischen Preisniveau einerseits und Produktion und Beschäftigung andererseits. Der Zielkonflikt ist Folge einer Lohnstarrheit. Die Preisniveauerhöhung führt zu einer Reallohnsenkung, die über die Verbilligung der Arbeitskosten zu mehr Produktion führt. Auf der kurzfristigen AS-Kurve ist dies eine Bewegung auf der Kurve nach oben. Der Lageparameter der kurzfristigen AS-Kurve ist das erwartete Preisniveau. Bei einem Anstieg des Kostenniveaus verschiebt sich die Kurve nach oben (und umgekehrt).

3.1.4 Die langfristige AS-Kurve

Wovon hängt der Wohlstand, die materielle Versorgung mit Gütern, eines Volkes ab? Die ökonomische Antwort lautet: vom Einsatz der Produktionsfaktoren Arbeit N, Kapital K und technischer Fortschritt W. Der Einsatz der Arbeit N kann mit der Einsatzmenge von Erwerbstätigenstunden oder mit der Zahl der Erwerbstätigen gemessen werden. Kapital K bedeutet hier physisches Realkapital (Maschinen, Ausrüstungen, Computer, Gebäude, Bodenschätze usw.), gemessen in Mrd. Euro eines Basisjahres. Ein besonderes Problem ist die Messung des technischen Fortschritts. Der Produktionsfaktor „Technischer Fortschritt" beschreibt eine Restgröße, die außer den einfachen Mengenausweitungen der Produktionsfaktoren Arbeit und Kapital eine bedeutsame Rolle spielt. Hierunter fallen so schwer quantifizierbare Dinge wie Humankapital, Investitionsklima, die rechtliche und institutionelle Rahmenordnung usw. Wir werden uns mit diesen Dingen in Kap. 4 eingehend beschäftigen müssen.

Eine entsprechende Produktionsfunktion lautet:

$$Y = Y(N, K, W)$$

Wie kann diese langfristige AS-Kurve in einem P-Y-Achsenkreuz dargestellt werden? Die Antwort lautet: als senkrechte Linie im Vollbeschäftigungsniveau. Dadurch kommt zum Ausdruck, dass bei Vollbeschäftigung die Kapazitätsgrenze der Volkswirtschaft erreicht ist und sämtliche Produktionsfaktoren vollständig (normal) ausgelastet sind. Eine Erhöhung der Nachfrage AD (siehe oben Abschn. 3.1.1) würde nur zu Inflation führen, d. h. in einem Anstieg des Preisniveaus verpuffen. Mit Geld alleine lassen sich keine Jobs schaffen. Dazu müssen mehr Produktionsfaktoren eingesetzt werden. Werden Produktionsfaktoren erhöht, verschiebt sich die Produktionsfunktion nach rechts (und umgekehrt).

Wir verzichten an dieser Stelle auf eine separate Darstellung der langfristigen AS-Kurve in einem P-Y-Achsenkreuz und gehen direkt zum Abschn. 3.1.5 über, in dem das AS-AD-Modell dargestellt ist.

3.1.5 Das AS-AD-Modell in Aktion

Nach der Formulierung des preisniveaubasierten Angebot-Nachfrage-Modells geht es nunmehr um die Frage, wie das AS-AD-Modell auf Schocks, d. h. auf Störungen des Gleichgewichts, reagiert.

Im Folgenden werden zunächst die unterschiedlichen Reaktionen keynesianischer und klassischer Wirtschaftspolitik auf einen Nachfrageschock dargestellt. Sodann werden die entsprechenden Reaktionen auf einen Angebotsschock erläutert. Abschließend wird auf den Fall der Deflation eingegangen.

3.1.5.1 Nachfrageschock

Was passiert, wenn z. Bsp. wegen pessimistischer Absatzerwartungen der Unternehmen die Investitionsnachfrage einbricht? Man nennt das einen Nachfrageschock.

Das AS-AD-Modell mit einem Nachfrageschock ist in Abb. 3.5 dargestellt.

In Abb. 3.5 ist LAS die langfristige AS-Kurve, KAS steht für zwei kurzfristige AS-Kurven und AD steht für zwei AD-Kurven. Ausgangspunkt ist der Punkt A. Die Wirtschaft befindet sich in einem langfristigen Gleichgewicht. Die Produktion ist gleich der Vollbeschäftigungsproduktion Y_V. Das Preisniveau ist P_1. Nun kommt es zu einem Nachfrageschock. Durch den Nachfrageschock verschiebt sich die Nachfrage auf ein niedrigeres Niveau von AD_1 nach AD_2.

Wie soll die Wirtschaftspolitik reagieren? Es gibt zwei Möglichkeiten. Entweder entscheidet sich die Wirtschaftspolitik für eine expansive Geld- und Fiskalpolitik, um der

Abb. 3.5 Nachfrageschock im AS-AD-Modell

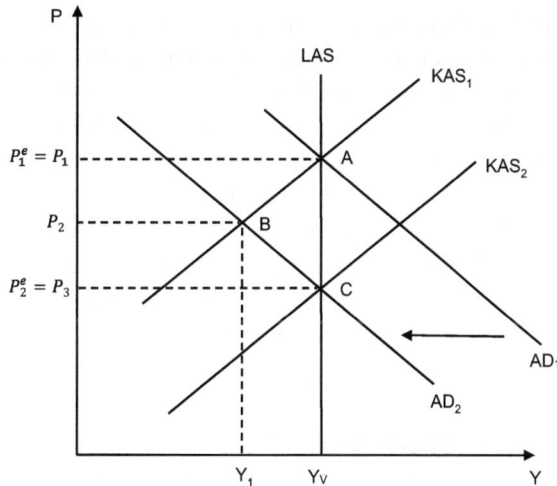

Konjunkturflaute entgegenzuwirken. Oder die Wirtschaftspolitik entscheidet sich für eine deflationäre Rosskur. Beginnen wir mit der erstgenannten Möglichkeit.

Stabilisierungspolitik – Die keynesianische Rezeptur

Durch die Verschiebung der Nachfrage von AD_1 nach AD_2 bewegt sich die Wirtschaft kurzfristig auf der KAS_1-Kurve von A nach B. Die Produktion sinkt auf Y_1, weil der Reallohn (W/P) wegen der Lohnstarrheit steigt durch die Preissenkung von P_1 auf P_2. Es kommt zu Arbeitslosigkeit. Die Wirtschaftspolitik kann nun durch expansive Geld- und Fiskalpolitik die Nachfrage wieder auf ihr ursprüngliches Niveau anheben. Die Bewegung zurück von B nach A ist ein Zielkonflikt. Das Preisniveau steigt wieder an von P_2 auf P_1. Dafür herrscht aber wieder Vollbeschäftigung. Man kann auch argumentieren, dass die Wirtschaftspolitik sehr schnell mit expansiver Politik gegensteuert, sodass die Wirtschaft von P_1 aus direkt wieder auf die ursprüngliche Nachfrage AD_1 zu A zurückgeführt wird. Wie auch immer: Durch expansive Geld- und Fiskalpolitik kann die Wirtschaft zu Vollbeschäftigung und zu dem bisherigen Preisniveau P_1 zurückfinden.

Preis- und Kostenreduktion – Die Rezeptur der Klassik

Wie erwähnt, entwickelt sich die Wirtschaft kurzfristig auf der KAS_1-Kurve zunächst von A nach B. Die zu der keynesianischen Rezeptur konkurrierende Wirtschaftspolitik besteht nun – einfach ausgedrückt – darin, nichts zu tun und auf die Selbstheilungskräfte des Marktes zu vertrauen. Das hat den Vorteil, dass man nicht dem blinden Aktionismus des keynesianischen Demand-Managements anheimfällt. Aber das hat den Nachteil, dass das recht lange dauern kann. Die Rezeptur der Klassik setzt auf Preis- und Kostensenkung. Hierdurch verschiebt sich die kurzfristige AS-Kurve KAS_1 nach unten auf KAS_2 (siehe oben Abschn. 3.1.3). In Punkt B herrscht kurzfristig eine deflatorische Lücke. Das bedeutet, dass bei dem Preisniveau P_2 das langfristige Angebot LAS größer ist als die Nachfrage AD_2. Und nun kommt der entscheidende Punkt. Der Angebotsüberschuss drückt die Wirtschaft langfristig nach unten auf den Punkt C bei dem Preisniveau P_3. Mit anderen Worten: Entsprechend dem Modell der Klassik schafft sich das Angebot seine Nachfrage. Der Attraktor ist das Angebot, und nicht – wie im keynesianischen Modell – die Nachfrage (siehe oben Abschn. 2.3.3). Wir haben hier also in verkleideter Form den alten Streit zwischen Klassik und Keynes vor uns. Im Keynesianismus hilft der Staat durch expansive Geld- und Fiskalpolitik der Nachfrage auf die Sprünge. Im Modell der Klassik besorgen die Selbstheilungskräfte des Marktes die Rückkehr zur Vollbeschäftigung. Für den Reallohn bedeutet das, dass dieser per Saldo sinken muss, damit bei dem Preisniveau P_3 wieder Vollbeschäftigung herrscht.

3.1.5.2 Angebotsschock

Was passiert, wenn ein unerwarteter Kostenschub die kurzfristige AS-Kurve nach oben drückt (siehe oben Abschn. 3.1.3)? Man nennt das einen Angebotsschock.

Das AS-AD-Modell mit einem Angebotsschock ist in Abb. 3.6 dargestellt.

In Abb. 3.6 ist LAS die langfristige AS-Kurve, KAS steht für zwei kurzfristige AS-Kurven und AD steht für zwei AD-Kurven. Ausgangspunkt ist der Punkt A. Die Wirtschaft befindet sich in einem langfristigen Gleichgewicht. Die Produktion ist gleich der Vollbeschäftigungsproduktion Y_V. Das Preisniveau ist P_1. Nun kommt es zu einem Angebotsschock. Durch den Angebotsschock verschiebt sich die kurzfristige AS-Kurve KAS_1 nach oben auf KAS_2. Auslöser für den Angebotsschock ist der Anstieg des erwarteten Preisniveaus von P_1^e auf P_2^e. Der Angebotsschock kann durch eine überzogene Nominallohnerhöhung ausgelöst werden. Wir wählen diese Ursache für den Angebotsschock,

Abb. 3.6 Angebotsschock im AS-AD-Modell

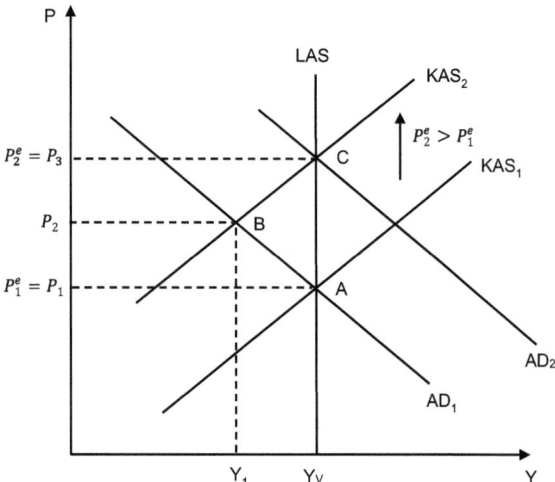

um wiederum die eminente Bedeutung einer glaubhaften Politik der Zentralbank hervorzuheben. Wenn die Zentralbank nicht mehr glaubhaft ist, entsteht die Gefahr einer Lohn-Preis-Spirale.

Wie soll die Wirtschaftspolitik reagieren? Es gibt wieder zwei Möglichkeiten.

Die keynesianische Rezeptur
Durch den Angebotsschock bewegt sich die Wirtschaft auf der gleichen Nachfrage AD_1 kurzfristig von A nach B auf die KAS_2-Kurve. Hinsichtlich der beiden Ziele Vollbeschäftigung und Preisniveaustabilität ist das die schlechteste aller Welten. Im Produktionsniveau Y_1 herrscht Arbeitslosigkeit, und das Preisniveau steigt von P_1 auf P_2. Man nennt das eine Stagflation. Der Ausdruck Stagflation ist eine Kombination aus den beiden Wörtern Stagnation (Arbeitslosigkeit) und Inflation (Preisniveauanstieg). Die Wirtschaftspolitik kann nun durch expansive Geld- und Fiskalpolitik die Nachfrage erhöhen von AD_1 auf AD_2, um die Arbeitslosigkeit zu beseitigen und wieder zurück zur Vollbeschäftigung zu finden. Die Wirtschaft bewegt sich langfristig von B nach C. Das bedeutet aber, dass das Preisniveau weiter steigt auf P_3 (Zielkonflikt). Man kann auch argumentieren, dass sich die Wirtschaft direkt von A nach C entwickelt. Wie auch immer: Der Vorteil ist hierbei, dass eine Deflation vermieden wird. Jedoch muss das nunmehr massiv gestiegene Preisniveau P_3 akzeptiert werden. Das ist der Unterschied zu dem Nachfrageschock. Dort bleibt das Preisniveau nach der Expansionspolitik unverändert.

Die Rezeptur der Klassik
Die zu der keynesianischen Rezeptur konkurrierende Wirtschaftspolitik besteht nun wieder darin, in B trotz Stagflation einfach nichts zu tun und auf die Selbstheilungskräfte des Marktes zu vertrauen. Nun beginnt die Deflation wieder zu wirken. Bei dem Preisniveau P_2 herrscht in B eine deflatorische Lücke. Das langfristige Angebot LAS ist größer ist als die Nachfrage AD_1. Preiserwartung und Nominallohnerhöhung werden allmählich nach unten korrigiert. Hierdurch verschiebt sich die kurzfristige AS-Kurve KAS_2 wieder zurück auf KAS_1. Der Angebotsüberschuss drückt die Wirtschaft langfristig wieder zurück auf A bei dem Preisniveau P_1. Auch hier haben wir wieder den Fall vor uns, dass entsprechend dem Modell der Klassik das Angebot sich seine Nachfrage schafft. Der Attraktor ist das Angebot, und nicht – wie im keynesianischen Modell – die Nachfrage. Für den Reallohn bedeutet das, dass dieser per Saldo sinkt, damit bei dem Preisniveau P_1 wieder Vollbeschäftigung herrscht.

3.1.5.3 Das Gespenst der Deflation
Die in Abschn. 3.1.1 hergeleitete AD-Kurve hat eine negative Steigung. Man vertraut darauf, dass entlang einer gegebenen AD-Kurve durch Preissenkungen Nachfrage hervorgelockt wird. Das Problem mit diesem Deflations-Optimismus ist, dass eine Deflation auch destabilisierende Effekte haben kann. Man kann drei destabilisierende Effekte anführen, die schlagwortartig wie folgt lauten:

1. Investitionsfalle
2. Schuldendeflation
3. Nachfragemangel-Arbeitslosigkeit

Investitionsfalle
Bei dem ersten Effekt geht es um die Investitionsnachfrage der Unternehmen. Der Effekt bezieht sich auf die Herleitung der AD-Kurve aus dem IS-LM-Modell. In Abschn. 3.1.1 haben wir festgestellt, dass die AD-Kurve negativ vom Preisniveau abhängt. Die negative Steigung rührt daher, dass bei Preissenkung (Deflation) die reale Geldmenge steigt, der Zins sinkt und folglich die Investitionsnachfrage der Unternehmen steigt. Das ist der Keynes-Effekt. Wenn aber die IS-Linie senkrecht verläuft (wie oben in Kap. 2, Abschnitt „Sonderfälle" erläutert), dann ist eine expansive Geldpolitik wirkungslos. Der Zins sinkt zwar, aber die Investitionsnachfrage bleibt konstant oder sinkt u. U. sogar. Der Keynes-Effekt kommt nicht zur Wirkung. Die AD-Kurve ist dann bezüglich der Investitionsnachfrage preisunelastisch.

Schuldendeflation
Bei dem zweiten Effekt geht es um die Konsumnachfrage der Haushalte. Hier könnte der Vermögenseffekt (auch: Pigou-Effekt) eine negative Steigung der AD-Kurve in Bezug auf das Preisniveau rechtfertigen. Die Argumentation lautet etwa wie folgt. Der Konsum der Haushalte hängt positiv vom Einkommen und vom Realvermögen ab. Wenn das Preisniveau sinkt (Deflation), dann steigt das reale Geldvermögen der Haushalte. Das wirkt positiv auf den Konsum. Und deshalb steigt die Konsumnachfrage bei sinkendem Preisniveau entlang einer gegebenen AD-Kurve. Diese Argumentation lässt jedoch außer Acht, dass es nicht nur Geldgläubiger gibt, sondern auch Geldschuldner. Bei einer Preissenkung kommt es zu einer Umverteilung von Vermögen von Schuldnern zu Gläubigern. Die Verschuldung der Schuldner steigt real an. Schuldner verringern ihre Ausgaben, Gläubiger erhöhen ihre Ausgaben. Und nun kommt der entscheidende Punkt. Wenn die Ausgabeneigung der Schuldner größer ist als die der Gläubiger, dann sinkt die Konsumnachfrage der Haushalte per Saldo. Die AD-Kurve ist dann auch bezüglich der Konsumnachfrage preisunelastisch.

Nachfragemangel-Arbeitslosigkeit
Bei dem dritten Effekt geht es um die Arbeitsnachfrage seitens der Unternehmen. Die Arbeitsnachfrage der Unternehmen hängt negativ vom Reallohn und positiv von den Absatzerwartungen der Unternehmen ab. Bei pessimistischen Absatzerwartungen kann es dazu kommen, dass die Unternehmen zwar aus Kostengründen zu niedrigeren Reallöhnen bereit wären, mehr Arbeitskräfte zu beschäftigen, aber diese nicht beschäftigen, weil sie glauben, die Mehr-Produktion nicht absetzen zu können. Eine Reallohnsenkung kann sogar zu noch stärker zurückgehender Produktion und Beschäftigung führen, wenn wegen der sinkenden Reallöhne die Konsumgüternachfrage sinkt. Die klassische Rezeptur einer Reallohnsenkung ist unter diesen Bedingungen kontraproduktiv.

3.1.6 Zusammenfassung

Wir können das AS-AD-Modell wie folgt zusammenfassen:

> **Zusammenfassung**
>
> Das AS-AD-Modell ist ein preisniveaubasiertes mittelfristiges Angebot-Nachfrage-Modell. Mittelfristig nähert sich die Wirtschaft allmählich der Vollbeschäftigung und es kommt daher wegen Kapazitätsengpässen zu einem Zielkonflikt zwischen Preisniveaustabilität und Vollbeschäftigung. Das Modell besteht aus einer Nachfrage-Kurve (AD-Kurve) und einer kurzfristigen und einer langfristigen Angebotskurve (AS-Kurven). Die AD-Kurve ist preiselastisch und reagiert positiv auf expansive Geld- und Fiskalpolitik. Die kurzfristige AS-Kurve ist eine Phillips-Kurve, die infolge der Lohnstarrheit einen Zielkonflikt impliziert. Die langfristige AS-Kurve ist vom Preisniveau unabhängig und im Vollbeschäftigungsniveau fixiert.
>
> Bei einer Störung des langfristigen Gleichgewichts kann die Wirtschaftspolitik auf völlig unterschiedliche Weise reagieren.
>
> Die keynesianische Rezeptur führt die Wirtschaft bei einem Nachfrageschock zurück zu Vollbeschäftigung und Preisstabilität bzw. muss bei einem Angebotsschock ein höheres Preisniveau akzeptieren. In beiden Fällen wird eine Deflation vermieden.
>
> Die Rezeptur der Klassik kommt zur Beseitigung der Arbeitslosigkeit nicht um eine Deflation herum und überträgt die Anpassungslast zur Rückgewinnung der Vollbeschäftigung vollständig dem Reallohn.
>
> Eine Deflation ist im AS-AD-Modell nicht auszuschließen. Die AD-Kurve verläuft dann preisunelastisch. Die Geldpolitik ist wegen der Investitionsfalle wirkungslos. Schuldendeflation und pessimistische Absatzerwartungen der Unternehmen tragen ihr Übriges dazu bei. Die keynesianische Rezeptur muss unter diesen Bedingungen auf expansive Fiskalpolitik setzen, da nur expansive Fiskalpolitik als Heilmittel zur Nachfrageerhöhung wirkt. Die klassische Rezeptur ist unter diesen Bedingungen zur Wirkungslosigkeit verdammt, da sie eine preiselastische AD-Kurve voraussetzt.

3.2 Das NKM-Modell

Die Abkürzung NKM steht für Neue Keynesianische Makroökonomik.

Das NKM-Modell ist ein inflationsbasiertes Angebot-Nachfrage-Modell. Das hat für die Variablen des Modells drei Konsequenzen:

1. Die Inflationsrate ist explizit modelliert.
2. Die Investitionsfunktion ist vom Realzins abhängig.
3. Der Aktionsparameter der Geldpolitik ist der Zins und nicht mehr die Geldmenge (wie wir das bisher in Kap. 2 und auch noch in Abschn. 3.1 angenommen haben). Zusammen mit der expliziten Modellierung der Inflationsrate bedeutet das, dass die Zentralbank mit dem Zins versuchen muss, die zwei Ziele Preisniveaustabilität und Vollbeschäftigung zu erreichen.

Im Folgenden wird zunächst eine Angebotsfunktion und anschließend eine Nachfragefunktion der Inflation entwickelt. Sodann wird die Reaktion der Geldpolitik auf konjunkturelle Schocks erläutert.

3.2.1 Angebots- und Nachfragefunktion der Inflation und die Taylor-Regel

Angebotsfunktion der Inflation
Die Angebotsfunktion der Inflation kann aus der Phillips-Kurve abgeleitet werden. Wir haben die Phillips-Kurve bereits oben in Abschn. 3.1.2 kennengelernt. Die Angebotsfunktion der Inflation im NKM-Modell ist eine leicht modifizierte Form der Gleichung Gl. 3.4 (siehe oben Abschnitt „Phillips-Kurve und Produktion") und kann wie folgt formuliert werden:

$$\pi = \pi_0 + a \cdot y + \varepsilon \quad a > 0 \tag{3.7}$$

In Gleichung Gl. 3.7 ist π die Inflationsrate, π_0 ist das Inflationsziel der Zentralbank, y ist die Produktionslücke, ε ist ein sog. Störterm und a ist ein Proportionalitätsfaktor. Für das Inflationsziel der Zentralbank nehmen wir einen Wert von $\pi_0 = 2\,\%$ an. Dieser Wert entspricht dem Inflationsziel der EZB.

Die Gleichung Gl. 3.7 ist in Abb. 3.7 dargestellt.

In Abb. 3.7 ist auf der Ordinate die Inflationsrate π abgetragen und auf der Abszisse die Produktionslücke y. Die Philips-Kurven sind mit PK für Phillips-Kurve abgekürzt.

Wovon hängt die Steigung der Phillips-Kurve PK_0 ab? Die Steigung der Phillips-Kurve ist positiv. Die Phillips-Kurve ist hier eine Inflationstheorie (siehe oben Abschnitt „Drei Interpretationen der Phillips-Kurve"). Mit steigender Produktion steigt auch die Inflationsrate. Wenn die Produktionslücke bei $y_0 = 0$ ist, herrscht Vollbeschäftigung. Die Produktionslücke ist geschlossen, und das Inflationsziel der Zentralbank ist mit π_0 realisiert. Wenn die

Abb. 3.7 Angebotsfunktion der Inflation

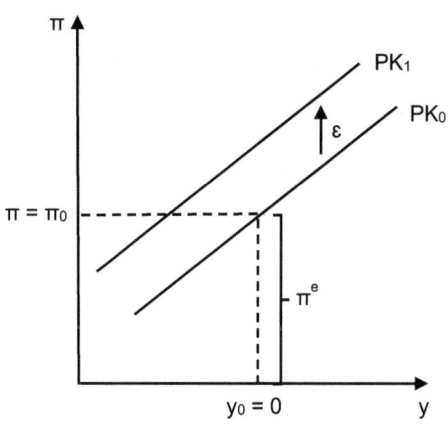

Produktionslücke sinkt (Nachfrageschock = Rezession), dann senkt die Zentralbank den Realzins, die vom Realzins abhängige Nachfrage steigt, die Produktionslücke schließt sich und das Inflationsziel der Zentralbank ist auch wieder erreicht. Bei Überbeschäftigung muss der Realzins erhöht werden, und die Verläufe sind analog umgekehrt.

Wovon hängt die Lage der Phillips-Kurve ab? Jetzt kommt der Störterm ε ins Spiel. Damit ist ein Angebotsschock gemeint, also z. Bsp. ein abrupter Energiepreisanstieg, überhöhte Lohnsteigerungen usw. Solche Ereignisse führen bei jedem gegebenem Produktionsniveau zu einem Anstieg der Inflationsrate. Die Phillips-Kurve verschiebt sich nach oben von PK_0 nach PK_1. Die Zentralbank ist jetzt in einer Situation des Zielkonflikts. Sie muss entscheiden, ob ihr die Preisniveaustabilität wichtiger ist als die Vollbeschäftigung oder umgekehrt. Verfolgt die Zentralbank eine rigide Einhaltung ihres Inflationsziels, riskiert sie einen Produktionseinbruch und Arbeitslosigkeit. In Abb. 3.7 ist das eine Bewegung auf dem Niveau π_0 nach links. Versucht die Zentralbank, das Produktionsniveau zu stabilisieren, riskiert sie eine Preis-Lohn-Spirale. In Abb. 3.7 ist das eine Bewegung auf dem Niveau y_0 nach oben. Hier kommt der feine Unterschied zwischen dem Inflationsziel der Zentralbank π_0 und der erwarteten Inflationsrate des Publikums π^e ins Spiel. Bei der Produktionsstabilisierung läuft die Zentralbank Gefahr, dass sie nicht mehr glaubhaft ist. Die Tarifpartner setzen ihre Inflationserwartung herauf, und es droht eine Preis-Lohn-Spirale.

▶ **Wir halten fest**

Im NKM-Modell ist die Angebotsfunktion der Inflation eine modifizierte Phillips-Kurve, die als Inflationstheorie zu interpretieren ist. Entlang der Phillips-Kurve ohne Störterm kann die Zentralbank durch eine Steuerung der vom Realzins abhängigen Nachfrage im Prinzip das Vollbeschäftigungseinkommen und den Zielwert der Inflationsrate sichern. Der Lageparameter der Angebotsfunktion ist die Inflationsrate. Wenn die Inflationsrate über das Inflationsziel der Zentralbank steigt, verschiebt sich die Phillips-Kurve nach oben. Die Zentralbank ist dann in der Situation des Zielkonflikts zwischen Preisniveaustabilität und Vollbeschäftigung.

Auf welchem Niveau wird sich jetzt die Inflationsrate einspielen? Dazu benötigen wir eine Nachfragefunktion der Inflation.

Taylor-Regel
Bei der Herleitung der Nachfragefunktion der Inflation nehmen wir eine Einschränkung vor. Wir erläutern das NKM-Modell nicht in seiner ganzen Breite. Das würde den gesetzten Rahmen einer Einführung sprengen. Wir wählen als ein Beispiel die sog. Taylor-Regel zur Beschreibung der Geldpolitik. Die grundsätzlichen Aussagen des Modells bleiben hiervon unberührt, gelten allerdings nur in abgeschwächtem Ausmaß.

Der Ökonom Taylor analysierte 1993 die Politik der amerikanischen Zentralbank und fand einen recht einfachen Zusammenhang heraus. Eine der Taylor-Regel entsprechende Gleichung ist:

$$r = 2{,}0 + 0{,}5 \cdot (\pi - \pi_0) + 0{,}5 \cdot y \qquad (3.8)$$

In Gleichung Gl. 3.8 ist r der Realzins, 2,0 ist der neutrale Realzins und π, π_0 und y haben die gleiche Bedeutung wie bisher. Die beiden Zielabweichungen (zweiter und dritter Summand rechts vom Gleichheitszeichen) wirken mit jeweils 50 % auf den Realzins (linke Seite der Gleichung).

Was bedeutet das? Die Taylor-Regel ist eine Art „Daumenregel". Die Zentralbank versucht, mit nur einem Instrument (Realzins r) auf der Grundlage weniger Informationen (Inflationsrate π und Produktionslücke y) zwei Ziele (Preisniveaustabilität und Vollbeschäftigung) möglichst genau zu erreichen. Wenn in Gleichung Gl. 3.8 $\pi = \pi_0$ und y = 0 ist, dann fallen der zweite und dritte Summand rechts vom Gleichheitszeichen weg. In diesem Fall ist das Inflationsziel der Zentralbank realisiert und die Produktionslücke ist geschlossen (Vollbeschäftigung). Beide Ziele sind erfüllt. Der neutrale Realzins ist 2 %. Bei einem Inflationsziel der Zentralbank von 2 % (Inflationsziel der EZB) ist der zugehörige Nominalzins 4 %.

Wenn es zu Zielabweichungen kommt, erhöht oder senkt die Zentralbank den Realzins und versucht damit, die beiden Zielabweichungen möglichst gering zu halten. Wie das geschieht, wird in Abb. 3.8 erläutert.

Aus der Taylor-Regel gemäß Gleichnug Gl. 3.8 und einer vom Realzins abhängigen Investitionsfunktion kann die Nachfragefunktion der Inflation hergeleitet werden.

Im oberen Teil der Abb. 3.8 steht der Realzins r auf der Ordinate und die Produktionslücke y auf der Abszisse. Im oberen Teil der Abb. 3.8 sind zwei TZ-Linien (TZ = Taylor-Zins) abgebildet. Die TZ-Linie ist eine grafische Darstellung der Gleichung

Abb. 3.8 Taylor-Regel und Nachfragefunktion der Inflation

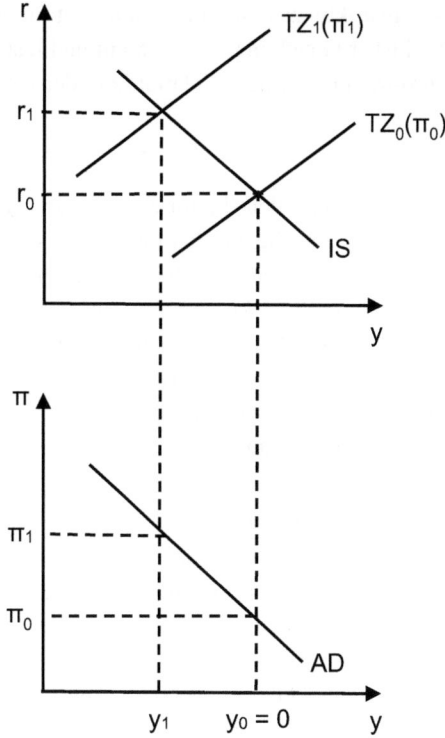

Gl. 3.8. Die TZ-Linie beschreibt die Strategie einer Zentralbank, die ihre Geldpolitik an der Taylor-Regel ausrichtet.

Wovon hängt die Steigung der TZ_0-Linie ab? Diese Frage betrifft den dritten Summanden rechts vom Gleichheitszeichen in der Gl. 3.8. Mit der Variablen y (Produktionslücke) wird die konjunkturelle Situation berücksichtigt. Eine zunehmende Produktion führt bei konstanter Inflationsrate ($\pi = \pi_0$) zu einem steigenden Realzins, um einer Überhitzung der Konjunktur entgegenzuwirken. Eine sinkende Produktion verlangt bei konstanter Inflationsrate einen abnehmenden Realzins, um eine Rezession zu verhindern. Die Steigung der TZ_0-Linie ist also positiv.

Wovon hängt die Lage der TZ_0-Linie ab? Diese Frage betrifft den zweiten Summanden rechts vom Gleichheitszeichen in der Gleichung Gl. 3.8. Mit der Variablen π wird die aktuelle Inflationsrate erfasst. Wenn die Inflationsrate über den Zielwert der Zentralbank von π_0 auf $\pi_1 > \pi_0$ ansteigt, erhöht die Zentralbank den Realzins, um die Inflation zu bekämpfen. Dies ist eine Verschiebung der TZ-Linie von TZ_0 in diesem Fall nach oben auf TZ_1. Sinkt die aktuelle Inflationsrate unter den Zielwert der Zentralbank, verschiebt sich die TZ_0-Linie nach unten (nicht eingezeichnet).

Die Taylor-Regel hat den Vorteil, dass man den Taylor-Zins recht einfach berechnen kann. Man hat damit einen Maßstab, um die Zinspolitik einer Zentralbank als expansiv oder restriktiv zu beurteilen. Man setzt für den Realzins (linke Seite der Gleichung Gl. 3.8) die Fisher-Gleichung r = i − π ein und löst nach dem Nominalzins i auf. Für den Fall des Euro-Raums mit dem Inflationsziel der EZB von 2 % ergibt sich:

$$i_t = 2{,}0 + \pi_t + 0{,}5 \cdot (\pi_t - 2{,}0) + 0{,}5 \cdot y_t \qquad (3.9)$$

Nun kann man den Taylor-Zins i_t durch Einsetzen der konkreten Werte für die Inflationsrate π_t und die Produktionslücke y_t in die Gleichung Gl. 3.9 berechnen. Und dann vergleicht man den tatsächlichen kurzfristigen Zins mit dem berechneten Taylor-Zins i_t. Ist der tatsächliche kurzfristige Zins höher als der Taylor-Zins, dann ist die Zinspolitik der EZB restriktiv. Ist der tatsächliche kurzfristige Zins niedriger als der Taylor-Zins, dann ist die Zinspolitik der EZB expansiv. Für den Euro-Raum zeigt sich, dass im Zeitraum ca. 2003 bis 2008 die Geldpolitik der EZB stark expansiv war, was zu der Überhitzung der Konjunktur führte.

▶ **Wir halten fest**
Die Taylor-Regel bedeutet eine Strategie der Zentralbank, die dem Zielkonflikt zwischen Preisniveaustabilität und Vollbeschäftigung versucht, auf eine sehr pragmatische Art gerecht zu werden. Die beiden Zielabweichungen von dem Inflationsziel der Zentralbank und von der Vollbeschäftigung sind mit jeweils 50 % gewichtet. Eine Zentralbank, die sich an der Taylor-Regel ausrichtet, verfolgt mit der Taylor-Regel eine Art Daumenregel, die nicht unbedingt eine „optimale" Regel ist. Anhand des Taylor-Zinses als Maßstab kann die Zinspolitik einer Zentralbank als expansiv oder restriktiv beurteilt werden.

Nachfragefunktion der Inflation
Nachdem wir jetzt über die Taylor-Regel und die Bedeutung der TZ-Linien Bescheid wissen, können wir nun unser eigentliches Ziel angehen, nämlich die Herleitung einer Nachfragefunktion der Inflation.

In dem oberen Teil der Abb. 3.8 ist eine vom Realzins abhängige Investitionsfunktion IS eingezeichnet. Wir erinnern uns: Die Investitionsfunktion ist negativ vom Realzins abhängig. Nun nehmen wir an, dass die Inflationsrate über den Zielwert der Zentralbank ansteigt. Nach der Taylor-Regel verlangt dies einen Anstieg des Realzinses. In dem oberen Teil der Abb. 3.8 verschiebt sich die TZ-Linie von TZ_0 nach oben auf TZ_1. Bei unveränderter Lage der Investitionsfunktion führt die steigende Inflationsrate zu einer Erhöhung des Realzinses von r_0 auf $r_1 > r_0$. Die Produktion sinkt unter den Vollbeschäftigungswert von y_0 auf $y_1 < y_0$.

Das übertragen wir jetzt in den unteren Teil der Abb. 3.8 in ein π-y-Achsenkreuz. Die Verbindung der beiden π-y-Kombinationen (π_0/y_0) und (π_1/y_1) ergibt eine Linie AD mit negativer Steigung. Dies ist die Nachfragefunktion der Inflation.

▶ **Wir halten fest**
Die Nachfragefunktion der Inflation kann aus der Taylor-Regel und einer vom Realzins abhängigen Investitionsfunktion abgeleitet werden. Wenn die Inflationsrate über das Inflationsziel der Zentralbank steigt, erhöht die Zentralbank den Realzins, wodurch die Nachfrage zurückgedrängt wird. Im π-y-Diagramm hat die Nachfragefunktion der Inflation eine negative Steigung.

3.2.2 Das NKM-Modell in Aktion

Nach der Formulierung des inflationsbasierten Angebot-Nachfrage-Modells geht es nunmehr um die Frage, wie das NKM-Modell auf Schocks, d. h. auf Störungen des Gleichgewichts, reagiert.

Im Folgenden wird zunächst die Reaktion der Geldpolitik auf einen Nachfrageschock und anschließend die Reaktion auf einen Angebotsschock erläutert. Abschließend wird auf den Fall der Deflation eingegangen.

3.2.2.1 Nachfrageschock

Was passiert, wenn z. Bsp. die Investitionsnachfrage der Unternehmen einbricht und dadurch einen Konjunkturabschwung auslöst? Das NKM-Modell mit einem solchen Nachfrageschock und expansiver Geldpolitik gemäß der Taylor-Regel ist in Abb. 3.9 dargestellt.

Ausgangspunkt ist im oberen Teil der Abb. 3.9 der Punkt A. Die Wirtschaft befindet sich in einem Gleichgewicht. Die Produktionslücke ist geschlossen ($y_0 = 0$). Die Produktion ist gleich der Vollbeschäftigungsproduktion. Der Realzins ist gleich dem neutralen Realzins r_0. Im unteren Teil der Abb. 3.9 entspricht dies dem Punkt B. Im Schnittpunkt B zwischen der Phillips-Kurve PK_0 und der Nachfragefunktion der Inflation AD_0 ist das Inflationsziel der Zentralbank mit $\pi = \pi_0$ erfüllt und die Produktion ist auch gleich der Vollbeschäftigungsproduktion.

Durch den Nachfrageschock verschiebt sich im oberen Teil der Abb. 3.9 die Nachfrage auf ein niedrigeres Niveau von IS_0 nach IS_1. Bei konstantem Realzins r_0 würde die Produktion sehr stark einbrechen (nicht eingezeichnet). Nach der Taylor-Regel senkt die Zentralbank den Realzins, um die Rezession zu bekämpfen. Dies ist eine Bewegung auf der TZ_0-Linie nach unten auf r_1. Damit ist gewissermaßen der dritte Summand in der Gleichung Gl. 3.8 berücksichtigt. Die Produktionslücke ist jetzt y_1 und der Realzins ist r_1.

Im unteren Teil der Abb. 3.9 verschiebt sich wegen des Nachfrageschocks die AD_0-Linie nach unten von AD_0 nach AD_1. Die AD_1-Linie muss durch den Punkt C verlaufen, da die Inflationsrate noch unverändert im Zielwert π_0 liegt.

Nun kommt der zweite Summand in der Gleichung Gl. 3.8 ins Spiel. Nach der Taylor-Regel senkt die Zentralbank den Realzins, um die Nachfrage anzuregen. Im oberen Teil

Abb. 3.9 Nachfrageschock und expansive Geldpolitik gemäß der Taylor-Regel

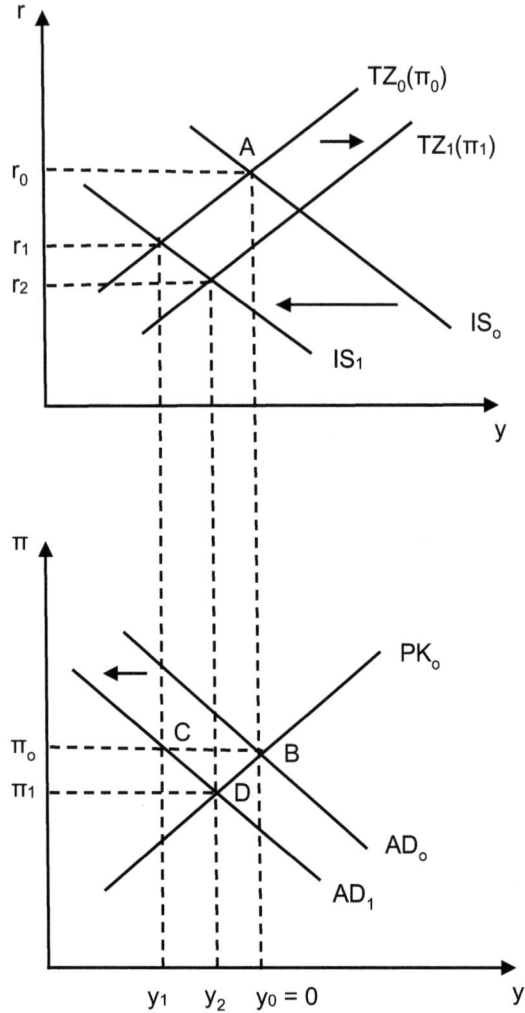

der Abb. 3.9 verschiebt sich die TZ_0-Linie nach unten von TZ_0 nach TZ_1. Damit sinkt der Realzins von r_1 auf r_2.

Im unteren Teil der Abb. 3.9 ergibt sich ein neues Gleichgewicht in Punkt D. In dem neuen Gleichgewicht in D ist die Produktionslücke y_2, der Realzins ist r_2 und die Inflationsrate ist π_1.

Insgesamt liegt die Produktionslücke mit y_2 zwar näher an der Vollbeschäftigungsproduktion, ist aber nicht ganz geschlossen, und die Inflationsrate ist näher an dem Zielwert, aber nicht gleich dem Zielwert. Es zeigt sich auch hier, dass die Zentralbank mit der Taylor-Regel eine einfache Regel verfolgt, die nicht unbedingt eine „optimale" Regel ist.

Abb. 3.10 Angebotsschock und restriktive Geldpolitik gemäß der Taylor-Regel

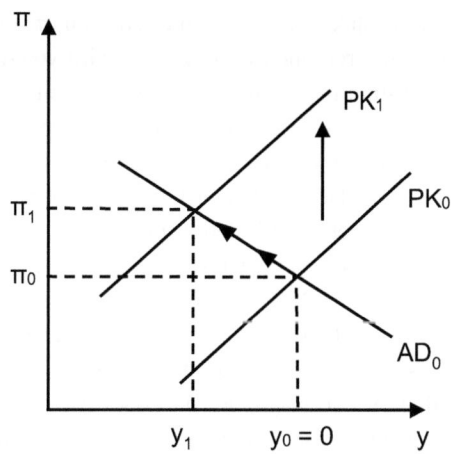

3.2.2.2 Angebotsschock

Von einem Angebotsschock ist die Phillips-Kurve gemäß Gleichung Gl. 3.7 betroffen (vgl. oben Abschn. 3.2.1). Ein Angebotsschock bedeutet eine exogene Kostenerhöhung, also z. Bsp. einen abrupten Energiepreisanstieg, überhöhte Lohnsteigerungen usw. Ein Angebotsschock zusammen mit der Reaktion der Geldpolitik gemäß der Taylor-Regel ist in Abb. 3.10 dargestellt.

Die Abb. 3.10 ähnelt dem unteren Teil der Abb. 3.9. Nur sind jetzt in Abb. 3.10 zwei Phillips-Kurven und nur die eine AD_0-Linie abgebildet. Die Phillips-Kurve PK_0 verschiebt sich wegen des Angebotsschocks (exogener Kostenschub) von PK_0 nach oben auf PK_1. Die Unternehmen versuchen, diesen exogenen Kostenschub auf die Preise zu überwälzen. Die Zentralbank erhöht gemäß der Taylor-Regel den Realzins, um die Inflation zu bekämpfen. Dadurch entsteht aber eine negative Produktionslücke y_1. Die Inflationsrate steigt von π_0 (Zielwert der Zentralbank) auf π_1 an. Das ist der Fall der Stagflation.

Insgesamt ist bei einem Angebotsschock eine zweifache Zielverletzung unvermeidbar. Die Inflationsrate steigt, und die Produktionslücke sinkt. Es können lediglich der Inflationsanstieg und der Rückgang der Produktionslücke gedämpft werden.

3.2.2.3 Deflation

Ist das NKM-Modell auch anfällig für eine Deflation? Bisher war ja Deflation kein Thema. Bei einem Nachfrageschock geht die Inflationsrate zwar zurück, es kommt aber nicht zu negativen Inflationsraten. Und bei einem Angebotsschock steigt die Inflationsrate an.

Wir beschränken uns im Folgenden auf die Reaktion der Investitionsnachfrage, die jetzt vom Realzins abhängt. Wir fragen also, wie eine sinkende Inflationsrate auf eine negativ vom Realzins abhängige Investitionsnachfrage wirkt.

Wir gehen von folgendem Fall aus. Die Inflationsrate ist $\pi = 0$ und die Zentralbank hat den Nominalzins auf $i = 0$ heruntergefahren. Was bedeutet das? Das Inflationsziel der

Zentralbank ist deutlich unterschritten ($\pi = 0$). Die Zentralbank hat ihr Pulver verschossen ($i = 0$). Trotz niedrigster Zinsen wird von den Unternehmen kaum investiert. Es gibt kein Wachstum mehr. Die Wirtschaft taumelt an einer Rezession entlang, und das seit Jahren. Ungefähr entspricht das dem Fall Japans seit etwa Mitte der 1990er.

Nun erinnern wir uns an die Fisher-Gleichung. Rein definitorisch gilt für den Realzins $r = i - \pi$. Der Realzins ist also in diesem Fall $r = 0$.

Wenn jetzt die Inflationsrate auch noch negativ wird ($\pi < 0$; Deflation) und der Nominalzins bei $i = 0$ bleibt, dann steigt der Realzins an. Und da die Investitionsnachfrage negativ vom Realzins abhängt, ist das Gift für die Konjunktur. Die Rezession verschärft sich noch. Es droht ein kumulativer deflationärer Absturz.

Man könnte dem nur entgegenwirken, wenn der Nominalzins parallel zu der sinkenden Inflationsrate auch sinken würde. Aber der Nominalzins ist ja schon bei null. Das wäre ein Unding. Der Gläubiger müsste dem Schuldner noch Geld dazugeben.

Zusammengefasst bedeutet das, dass bei einem Nominalzins von null und negativer Inflationsrate der Realzins steigt und die Rezession damit verschärft wird. Eine Deflation muss also verhindert werden. Da die Geldpolitik ihr Pulver verschossen hat, bleibt nur eine expansive Fiskalpolitik.

Es könnte auch sein, dass die Investitionsnachfrage wegen pessimistischer Absatzerwartungen exogen ist und nicht ausreicht, die Vollbeschäftigung zu garantieren. Auch dann bleibt nur expansive Fiskalpolitik.

3.2.3 Zusammenfassung

Wir können das NKM-Modell wie folgt zusammenfassen:

> **Zusammenfassung**
>
> Das NKM-Modell ist ein inflationsbasiertes mittelfristiges Angebot-Nachfrage-Modell. Mittelfristig nähert sich die Wirtschaft allmählich der Vollbeschäftigung und es kommt daher wegen Kapazitätsengpässen zu einem Zielkonflikt zwischen Preisniveaustabilität und Vollbeschäftigung. Die Angebotsfunktion der Inflation ist eine aus der Phillips-Kurve abgeleitete kurzfristige Inflationstheorie. Eine Nachfragefunktion der Inflation kann aus der Taylor-Regel und einer realzinsabhängigen Investitionsfunktion abgeleitet werden. Folgt man der Taylor-Regel, dann sind die beiden Zielabweichungen von dem Inflationsziel der Zentralbank und von der Vollbeschäftigung mit je 0,5 zu gewichten. Im Fall des Nachfrageschocks gelingt es dank keynesianischen Demand-Managements, dass die Zielabweichungen nicht so ausgeprägt ausfallen. Im Fall des Angebotsschocks ist eine zweifache Zielverletzung unvermeidbar. Der Nachteil der Taylor-Regel ist, dass die Zentralbank damit eine Art Daumenregel verfolgt, die nicht unbedingt eine „optimale" Regel ist. Auch im NKM-Modell ist eine Deflation nicht auszuschließen. Wenn

der Nominalzins wegen schwacher Konjunktur bereits auf null gesenkt wurde, dann kommt es bei sinkender Inflationsrate zu einem Anstieg des Realzinses. Die Investitionen sinken und die Rezession wird zusätzlich verschärft. Nur expansive Fiskalpolitik keynesianischen Zuschnitts hilft aus der destabilisierenden Deflation heraus.

3.3 Eine Wertung

Was bleibt als Resümee? Was sind die Unterschiede zwischen dem AS-AD-Modell einerseits und dem NKM-Modell andererseits? Gibt es Gemeinsamkeiten?

Rekapitulieren wir kurz die Unterschiede.

Das AS-AD-Modell ist ein preisniveaubasiertes Angebot-Nachfrage-Modell. Der Zielkonflikt zwischen Preisniveaustabilität und Vollbeschäftigung artikuliert sich in den beiden konkurrierenden Ansätzen des keynesianischen Demand-Managements einerseits und der klassischen Rezeptur einer deflationären Rosskur andererseits.

Das NKM-Modell dagegen ist ein inflationsbasiertes Angebot-Nachfrage-Modell. Das Modell ist fokussiert auf keynesianisches Demand-Management. Mit der Taylor-Regel gelingt eine Kompromisslösung des Zielkonflikts.

Der Unterschied rührt letztlich daher, dass das AS-AD-Modell preisniveaubasiert ist (mit der Folge, dass der alte Streit Keynes versus Klassik virulent wird), während im NKM-Modell eine explizite Modellierung der Inflationsrate vorliegt.

Man kann die Meinung vertreten, dass diese Unterschiede nur gradueller Natur sind und dass es sich hier um einen recht akademisch anmutenden Theorien-Streit handelt.

Worauf kommt es letztlich an? Gibt es Gemeinsamkeiten?

Bei beiden Modellen kann es zu einem deflationären Absturz kommen. Im AS-AD-Modell sind es die Fälle, die im Abschnitt „Das Gespenst der Deflation" erläutert wurden. Im NKM-Modell ist es der im Abschnitt „Deflation" erläuterte Verlauf mit dem steigenden Realzins, der die Konjunktur bei einem Nominalzins von null abwürgt. Die Gemeinsamkeit besteht also darin, dass beide Modelle die unmissverständliche Botschaft vermitteln, im Fall einer Deflation die Wirtschaft mit expansiver Fiskalpolitik keynesianischen Zuschnitts aus einem ansonsten drohenden deflationären Absturz herauszuführen.

Literatur

Blanchard, O. et al. (2021). Makroökonomie. 8. Aufl. Pearson. Kapitel 8, 9.
Bofinger, P. (2020). Grundzüge der Volkswirtschaftslehre. 5. Aufl. Pearson. Kapitel 17, 22 – 24.
Mankiw, N. G. (2024). Makroökonomik. 8. Aufl. Schäffer-Poeschel. Kapitel 11, 15, 16.
Phillips, A. W. (1958). The relation between unemployment and the Rate of change of money wage rates in the United Kingdom, 1861–1957. Economica. Bd. 25 (S. 283–299).

Wachstum – Die lange Frist 4

Wer es fertig bringt zwei Halme wachsen zu lassen, wo bisher nur einer wächst, der ist größer als der größte Feldherr.

Friedrich II. der Große, 1712–1786

4.1 Determinanten des Wachstums

Wirtschaftliches Wachstum ist stets ein vielschichtiger Prozess, der kaum auf einige wenige Ursachen zurückgeführt werden kann. Natürlich sind sich auch Ökonomen dessen bewusst. In der Makroökonomik beschränkt man sich gewöhnlich auf ökonomische Bestimmungsgrößen des Wirtschaftswachstums. Diese ökonomischen Bestimmungsgrößen sind in Abb. 4.1 dargestellt.

In Abb. 4.1 sind drei Produktionsfaktoren angeführt, die zu einem Wachstum der Produktion Y führen:

1. Arbeit N
2. Kapital K
3. Technischer Fortschritt W (Wissen)

Beginnen wir in Abb. 4.1 mit den beiden Kästen rechts oben. Die Höhe des wirtschaftlichen Wachstums hängt von der Menge der im Produktionsprozess eingesetzten Produktionsfaktoren Arbeit N und Kapital K ab. Je mehr ein Volk arbeitet und je mehr Kapital zur Verfügung steht, desto höher ist unter sonst gleichen Bedingungen die Produktion. Unter Kapital ist hierbei Realkapital zu verstehen, also Maschinen, Fabriken, Ausrüstungen usw. Boden wird auch unter Kapital subsummiert.

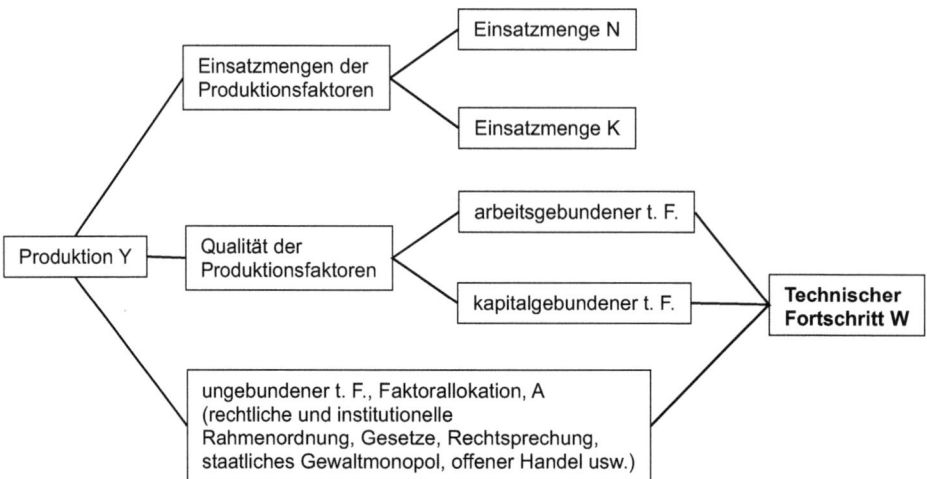

Abb. 4.1 Determinanten des Wachstums

Wirtschaftliches Wachstum kann jedoch auch bei Konstanz der eingesetzten Mengen an Arbeit und Kapital auftreten. Und damit kommt der dritte Produktionsfaktor „Technischer Fortschritt" W ins Spiel. Hierbei kommen zwei Möglichkeiten in Betracht.

Zum einen kann sich die Qualität der Produktionsfaktoren N und K verbessern. In Abb. 4.1 sind das rechts die beiden mittleren Kästen arbeitsgebundener technischer Fortschritt und kapitalgebundener technischer Fortschritt. Mit gut ausgebildeten Menschen und neuen Maschinen mit neuer Technik wird auch bei gleichem Arbeitseinsatz und gleicher Maschinenanzahl mehr produziert als mit schlecht ausgebildeten Menschen und alten Maschinen.

Zum anderen kann sich aber auch die Art und Weise verbessern, wie die Produktionsfaktoren im Produktionsprozess eingesetzt werden. Die Bevölkerung eines Landes kann z. Bsp. trotz langer Arbeitszeit und durchaus akzeptabler Maschinenausrüstung in Armut leben, wenn die Wirtschaft so unglücklich organisiert ist, dass eben die Produktion nur dürftig ausfällt. Durch eine Umorganisation der Wirtschaft hin zu mehr Flexibilität kann die Produktion regelmäßig erheblich gesteigert werden, ohne dass mehr gearbeitet werden muss und ohne dass mehr Maschinen eingesetzt werden müssen. Wachstumsdeterminanten dieser Art werden als eine Verbesserung der Faktorallokation oder auch ungebundener technischer Fortschritt bezeichnet.

Die Verbesserungen der Faktorqualitäten und der Faktorallokation werden zusammen als der „Technische Fortschritt" bezeichnet. Der technische Fortschritt charakterisiert also eine Wachstumsdeterminante, die neben den reinen Mengenausweitungen der Produktionsfaktoren Arbeit und Kapital zur Wirkung kommt. Hierbei ist zu bemerken, dass diese Ursachen des Wirtschaftswachstums nicht unbedingt den Einfluss der Technik im üblichen Sprachgebrauch beschreiben, sondern auch und insbesondere solche schwer zu fassenden

Dinge wie Ausbildung, Qualität, rechtliche und institutionelle Rahmenordnung, staatliches Gewaltmonopol, offener Handel usw. Es wird sich im Folgenden herausstellen, dass es gerade diese Wachstumsdeterminanten sind, die hauptsächlich für den Wachstumsprozess entscheidend sind.

4.2 Arbeit und Arbeitsproduktivität – Die Quellen des Wohlstands

Bevor wir uns mehr theoretischen Zusammenhängen zuwenden, beginnen wir zunächst mit einigen unstrittigen Tatbeständen. Es gilt stets der folgende tautologische Zusammenhang:

$$Y = \frac{Y}{N} \cdot N \qquad (4.1)$$

In Gleichung Gl. 4.1 ist Y das Einkommen (die Produktion) und N der Arbeitseinsatz. Der Ausdruck (Y/N) ist die Arbeitsproduktivität. Die Arbeitsproduktivität ist in der Wachstumstheorie eine ganz entscheidende Größe. Die Arbeitsproduktivität gibt an, wieviel reale Güter mit einer gegebenen Menge an Arbeitseinsatz erzeugt werden. Je höher die Arbeitsproduktivität ist, umso mehr reale Produktion kann mit einem gegebenem Arbeitseinsatz produziert werden.

Wenn wir die Arbeitsproduktivität mit α abkürzen, können wir also auch wie folgt formulieren:

$$Y = \alpha \cdot N \qquad (4.2)$$

Gleichung Gl. 4.2 besagt, dass die Produktion Y stets entspricht der Arbeitsproduktivität multipliziert mit dem Arbeitseinsatz. Das hat nichts mit irgendwelchen Theorien zu tun, sondern folgt einfach aus der Definition der Arbeitsproduktivität.

Für den Wohlstand eines Volkes ist das Pro-Kopf-Einkommen (auch: der Lebensstandard) die maßgebliche Größe. Wir dividieren daher die Gleichung Gl. 4.2 durch die Bevölkerung B:

$$\frac{Y}{B} = \alpha \cdot \frac{N}{B} \qquad (4.3)$$

In Gleichung Gl. 4.3 ist die Größe (Y/B) das Pro-Kopf-Einkommen.

Wachstumstheorie
In der Wachstumstheorie werden – wie der Name sagt – regelmäßig Wachstumsraten verwendet. Wir verwenden als Abkürzung g = growth rate = Wachstumsrate. Bei der Transformation in Wachstumsraten wird aus einer Division ein Minus und aus einer Multiplikation ein Plus. Dies ist genau

genommen nur eine Näherungsformel. Jedoch sind bei kleinen Wachstumsraten (einstellige Prozentzahlen, z. Bsp. 0,02 = 2 %) die Fehler vernachlässigbar gering. Wenn wir im Folgenden die Abkürzung g verwenden, so ist damit eine Wachstumsrate pro Jahr gemeint.

Gleichung Gl. 4.3 kann in Wachstumsraten formuliert werden.
Es gilt:

$$g\left(\frac{Y}{B}\right) = g \propto + g\left(\frac{N}{B}\right)$$

$$(gY - gB) = g \propto + (gN - gB) \qquad (4.4)$$

Jetzt haben wir drei Wirkungskanäle (rechte Seite der Gleichung Gl. 4.4, die das Pro-Kopf-Einkommen (den Lebensstandard) eines Volkes (linke Seite der Gleichung Gl. 4.4) beeinflussen:

- Arbeitsproduktivität α
- Arbeitseinsatz N
- Bevölkerungszahl B

Beginnen wir mit dem Einfluss der Arbeitsproduktivität auf das Pro-Kopf-Einkommen. Wir fragen danach, wie ein Wachstum der Arbeitsproduktivität (gα> 0) bei Konstanz von gN und gB das Pro-Kopf-Einkommen beeinflusst. Es gilt also:

gα> 0
gN = 0
gB = 0

Wenn der Arbeitseinsatz und die Bevölkerung nicht wachsen (gN = 0; gB = 0), dann kann der Lebensstandard nur wachsen [g(Y/B) > 0], wenn die Arbeitsproduktivität wächst. Mit anderen Worten: Wenn ein Volk nicht zusätzlich arbeitet, dann kann der Lebensstandard nur steigen, wenn die Arbeitsproduktivität wächst.

Zweitens fragen wir danach, wie ein Wachstum des Arbeitseinsatzes (gN > 0) bei Konstanz von gB und gα das Pro-Kopf-Einkommen beeinflusst. Es gilt also:

gα = 0
gN > 0
gB = 0

Wenn die Arbeitsproduktivität und die Bevölkerung nicht wachsen (gα = 0; gB = 0), dann kann der Lebensstandard nur wachsen [g(Y/B) > 0], wenn der Arbeitseinsatz

4.2 Arbeit und Arbeitsproduktivität – Die Quellen des Wohlstands

wächst (gN > 0). Mit anderen Worten: Bei konstanter Arbeitsproduktivität und konstanter Bevölkerung bleibt nur, mehr zu arbeiten, um den Lebensstandard zu steigern.

Und drittens fragen wir danach, wie ein Wachstum der Bevölkerung (gB > 0) bei Konstanz von gα und gN das Pro-Kopf-Einkommen beeinflusst. Es gilt also:

$$gα = 0$$
$$gN = 0$$
$$gB > 0$$

Wenn die Bevölkerung wächst (gB > 0) und die Arbeitsproduktivität und der Arbeitseinsatz konstant bleiben (gα = 0; gN = 0), dann sinkt der Lebensstandard [(g(Y/B) < 0)]. Mit anderen Worten: Wenn mehr Mäuler bei gleicher Arbeitsproduktivität und gleicher Arbeit gestopft werden müssen, dann sinkt der Lebensstandard.

Bei dem zweiten und dritten Verlauf entwickeln sich Arbeitseinsatz und Bevölkerung jeweils unterschiedlich. Diese beiden Verläufe können mit Verweis auf deren Kurzfristigkeit ausgeschlossen werden. Bei der Wachstumstheorie geht es um langfristige Verläufe. Es bleibt also nur der erste Verlauf. Bei diesem Verlauf sind der Arbeitseinsatz und die Bevölkerung konstant. Die Gleichung Gl. 4.4 reduziert sich also zu:

$$(gY - gB) = g\,α \qquad (4.5)$$

Gleichung Gl. 4.5 besagt, dass sich ein Wachstum der Arbeitsproduktivität (gα > 0) in einem Wachstum des Lebensstandards niederschlägt [(gY – gB) > 0]. Gleichung Gl. 4.5 gilt nicht nur bei Konstanz von Arbeitseinsatz und Bevölkerung (gN = gB = 0). Es muss lediglich gesichert sein, dass gN und gB mit der gleichen Rate wachsen. Inhaltich ist damit gemeint, dass sich ein wachsender Arbeitseinsatz (gN > 0) langfristig nur aus einem gleich großen exogenen Bevölkerungswachstum (gB > 0) rekrutiert. Wenn Arbeitseinsatz N und Bevölkerung B langfristig mit der gleichen positiven Rate wachsen (gN = gB > 0), dann kann das Pro-Einkommen-Einkommen (der Lebensstandard) nur wachsen [g(Y/B) = (gY – gB) > 0], wenn die Arbeitsproduktivität wächst (gα > 0). Wenn die Arbeitsproduktivität nicht wächst (gα = 0), ist das Pro-Kopf-Einkommen konstant [g(Y/B) = (gY – gB) = 0].

Bilden wir ein Beispiel.

Wir nehmen ein Bevölkerungswachstum von gB = 2 % an und einen mit gleicher Rate wachsenden Arbeitseinsatz von gN = 2 %. In Tab. 4.1 sind drei verschiedene Verläufe für die Produktion, die Bevölkerung und die Arbeitsproduktivität dargestellt.

Bei dem ersten Verlauf wächst die Produktion mit genau der gleichen Rate wie die Bevölkerung (gY = gB = 2 %). Einsetzen in Gleichung Gl. 4.5 ergibt gα = 0,00. Kurz: Wachsen Produktion und Bevölkerung mit der gleichen Rate, dann bleiben Lebensstandard (gY – gB) und Arbeitsproduktivität (gα) konstant.

Bei dem zweiten Verlauf wächst die Arbeitsproduktivität mit genau der gleichen Rate wie die Bevölkerung (gα = gB = 2 %). Einsetzen in Gleichung Gl. 4.5 ergibt gY = 4 %.

Tab. 4.1 Lebensstandard und Arbeitsproduktivität

gY (1) = (2) + (3)	gB (2) = (1)-(3)	gα (3) = (1)-(2)
0,02	0,02	0,00
0,04	0,02	gα = gB
0,05	0,02	0,03

Kurz: Der Lebensstandard (gY – gB) wächst mit der Rate der Arbeitsproduktivität (gα = 2 %).

Bei dem dritten Verlauf wächst die Arbeitsproduktivität mit einer höheren Rate als die Bevölkerung (gα = 3 %; gB = 2 %). Einsetzen in Gleichung Gl. 4.5 ergibt gY = 5 %. Kurz: Der Lebensstandard (gY – gB) wächst auch hier mit der Rate der Arbeitsproduktivität, die jetzt allerdings gα = 3 % beträgt.

Letztlich bedeuten alle drei Verläufe das Gleiche. Die Differenz (gY – gB) ist der Indikator für das Wachstum des Lebensstandards (des Pro-Kopf-Einkommens). Und das Wachstum des Lebensstandards entspricht dem Wachstum der Arbeitsproduktivität.

Anknüpfend an Tab. 4.1 ist jetzt eine zentrale Frage zu klären:

Ist ein langfristig andauernder Anstieg der Arbeitsproduktivität möglich? Oder kommt der Prozess irgendwann zum Erliegen und ist dann die Arbeitsproduktivität konstant?

Diese Fragen können mit unserer bisherigen Analyse nicht beantwortet werden. Alle unsere bisherigen Darstellungen und Verläufe haben einen elementaren Mangel. Es handelt sich um nichts anderes als Tautologien. Wir haben nichts anderes gemacht als definiert, umgeformt, eingesetzt, zusammengeführt usw. Was fehlt, ist eine Theorie über das Zusammenwirken der verschiedenen Produktionsfaktoren Arbeit, Kapital und technischer Fortschritt. Darum muss es im Folgenden gehen.

Zusammenfassung

Arbeitseinsatz, Arbeitsproduktivität und Bevölkerungsentwicklung sind die Quellen des Lebensstandards. Dreh- und Angelpunkt für die Entwicklung des Lebensstandards ist die Entwicklung der Arbeitsproduktivität. Die Analyse-Methode in Abschn. 4.2 ist tautologischer Natur. Diese Analyse-Methode kann zwar die Frage nach der Entwicklung der Arbeitsproduktivität aufwerfen, aber sie kann von ihrem Ansatz her diese Frage nicht beantworten. Wir benötigen eine Theorie über das Zusammenwirken der verschiedenen Produktionsfaktoren.

4.3 Solow-Modell ohne technischen Fortschritt

Bei dem Solow-Modell ohne technischen Fortschritt geht es um die Frage, wie eine Produktion durch das Zusammenwirken der beiden Produktionsfaktoren Kapital und Arbeit entsteht. Der technische Fortschritt als dritter Produktionsfaktor wird also zunächst ausgeklammert.

Im Folgenden wird die Cobb-Douglas-Produktionsfunktion mit den beiden Produktionsfaktoren Kapital und Arbeit dargestellt. Zur Verdeutlichung wird ein Zahlenbeispiel gebildet. Sodann wird die zentrale Bedeutung des Wachstumsgleichgewichts für die langfristige Entwicklung einer Volkswirtschaft erläutert.

4.3.1 Cobb-Douglas-Produktionsfunktion und Solow-Zerlegung

In Abschn. 4.2 haben wir die Produktion nur auf den Produktionsfaktor Arbeit und eine Definition der Arbeitsproduktivität zurückgeführt. Jetzt berücksichtigen wir einen funktionalen Zusammenhang zwischen der Produktion und den beiden Produktionsfaktoren Kapital und Arbeit. Man nennt das auch die neoklassische Wachstumstheorie. Der Ansatz wurde 1956 von Solow in die Wachstumstheorie eingeführt.

Grundlage der neoklassischen Wachstumstheorie ist eine Cobb–Douglas-Produktionsfunktion:

$$Y = K^a \cdot N^{1-a} \quad 0 < a < 1 \quad (4.6)$$

In Gleichung Gl. 4.6 ist Y die Produktion, K ist der Kapitalbestand, N ist der Arbeitseinsatz, a ist die Produktionselastizität des Kapitals und (1-a) ist die Produktionselastizität der Arbeit. Die Produktionselastizitäten ergänzen sich zu eins. Produktionselastizitäten beschreiben, in welchem Ausmaß sich ein Wachstum des jeweiligen Faktors in der Produktion auswirkt. Unter Kapital ist Realkapital zu verstehen (und nicht Geldkapital), also reale Produktionsmittel wie Fabriken, Maschinen, Ausrüstungen, Fuhrpark, Computer usw.

In Gleichung Gl. 4.6 fällt auf, dass der technische Fortschritt nicht enthalten ist. Wir wissen jedoch aus Abb. 4.1, dass gerade der technische Fortschritt für das Produktionswachstum eine entscheidende Rolle spielt. Der technische Fortschritt kann mit einer Variablen A > 1 berücksichtigt werden, die den Stand der Technik charakterisiert. Allerdings ist das nur eine sehr einfache Form, den vielschichtigen Begriff des technischen Fortschritts (Abb. 4.1) zu berücksichtigen. In Abschn. 4.4 gehen wir ausführlich auf den technischen Fortschritt ein.

In Gleichung Gl. 4.6 ist diese Variable A = 1. Der Stand der Technik ist konstant A = 1. Es findet kein technischer Fortschritt statt. Wir beschränken uns bewusst auf die Gleichung Gl. 4.6 ohne technischen Fortschritt, um zunächst den Einfluss der beiden Produktionsfaktoren Kapital und Arbeit isoliert darzustellen.

Die entscheidende Frage ist, ob unter dieser Voraussetzung dauerhaftes Wachstum erklärt werden kann.

Die Gleichung Gl. 4.6 ist zusammen mit der marginalen Kapitalproduktivität in Abb. 4.2 dargestellt.

Im oberen Teil der Abb. 4.2 ist die Produktionsfunktion dargestellt. Auf der Ordinate ist die Produktion Y abgetragen und auf der Abszisse der Kapitalbestand K. Wir halten den Arbeitseinsatz N konstant und erhöhen nur den Kapitalbestand K. Wegen a < 1 steigt die Produktion zwar an, jedoch nur mit abnehmenden Zuwächsen. Das kann man sich wie folgt erklären. Wenn bei konstantem Arbeitseinsatz immer mehr Maschinen zur Verfügung gestellt werden, dann steigt die Produktion zwar an, jedoch fällt der Zuwachs immer kleiner aus. Am Ende sind nicht genügend Arbeiter da, die all die im Überfluss vorhandenen Maschinen bedienen könnten.

Im unteren Teil der Abb. 4.2 ist auf der Ordinate die erste Ableitung der Produktionsfunktion nach K abgetragen. Man nennt das die Grenzproduktivität des Kapitals (auch: marginale Kapitalproduktivität). Die erste Ableitung der Produktionsfunktion ergibt für die Grenzproduktivität des Kapitals den Ausdruck $\delta Y/\delta K = aY/K$ (der Rechenweg wird

Abb. 4.2 Produktionsfunktion und marginale Kapitalproduktivität

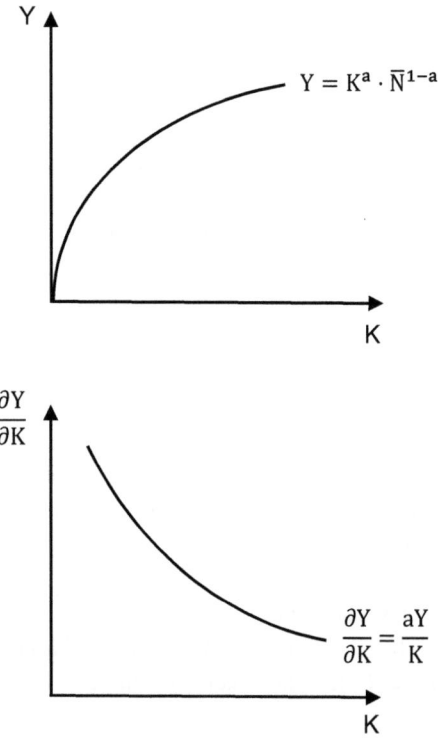

4.3 Solow-Modell ohne technischen Fortschritt

übergangen). Das ist die fallende Linie im unteren Teil der Abb. 4.2. Die Grenzproduktivität des Kapitals sinkt bei steigendem Kapitalbestand. Die Produktion (oberer Teil der Abb. 4.2) steigt an, aber wegen a < 1 nur mit abnehmenden Zuwächsen. Je mehr Kapital bereits im Produktionsprozess eingesetzt ist, desto kleiner ist die zusätzliche Produktion, die durch den Mehreinsatz einer Einheit Kapital erzielbar ist. Die Linie der Grenzproduktivität des Kapitals verläuft also konvex zum Ursprung. Es wird sich herausstellen, dass diese abnehmende Grenzproduktivität des Kapitals eine ganz entscheidende Rolle für die folgenden Überlegungen spielt.

▶ **Wir halten fest** Bei einer Cobb-Douglas Produktionsfunktion sinkt die Grenzproduktivität des Kapitals bei steigendem Kapitalbestand. Die Produktion steigt zwar an, aber nur mit abnehmenden Zuwächsen. Die Linie der Grenzproduktivität des Kapitals verläuft konvex zum Ursprung.

Die gleichen Überlegungen, die für die Grenzproduktivität des Kapitals gelten, gelten analog auch für die marginale Arbeitsproduktivität. Die erste Ableitung der Produktionsfunktion nach dem Faktor Arbeitseinsatz ergibt für die marginale Arbeitsproduktivität den Ausdruck $\delta Y/\delta N = (1-a)Y/N$.

Man kann nun der Frage nachgehen, wie die beiden Produktionsfaktoren Kapital und Arbeit bei der Entstehung eines Wachstums der Produktion zusammenwirken. Wir setzen die beiden Ergebnisse für die Grenzproduktivität in die Produktionsfunktion ein und lösen nach der Wachstumsrate gY auf (den Rechenweg übergehen wir wieder):

$$gY = a \cdot gK + (1-a) \cdot gN \qquad (4.7)$$

Gemäß Gleichung Gl. 4.7 entspricht die Wachstumsrate der Produktion der Summe aus den mit ihren Produktionselastizitäten gewichteten Wachstumsraten der Produktionsfaktoren Kapital und Arbeit. Gleichung Gl. 4.7 nennt man auch die Solow-Zerlegung.

Bilden wir ein Beispiel.

Wir nehmen für den Kapitalbestand einen Wert von K = 300 an und für den Arbeitseinsatz einen Wert von N = 20. Für die Produktionselastizität des Kapitals nehmen wir einen Wert von a = 0,3 an. Größenordnungsmäßig entspricht dieser Wert den tatsächlichen Verhältnissen in hoch entwickelten Volkswirtschaften.

Einsetzen in Gleichung Gl. 4.6 ergibt:

$$Y_1 = 300^{0,3} \cdot 20^{0,7} = 5{,}535 \cdot 8{,}142 = 45{,}07$$

Nun nehmen wir an, dass der Kapitalbestand von 300 auf 315 steigt und der Arbeitseinsatz von 20 auf 20,4. Wir setzen diese neuen Werte wieder in Gleichung Gl. 4.6 ein und erhalten:

$$Y_2 = 315^{0,3} \cdot 20{,}4^{0,7} = 5{,}617 \cdot 8{,}255 = 46{,}37$$

Was bedeutet das für die Wachstumsraten von Kapital und Arbeitseinsatz? Die Wachstumsraten sind für den Kapitalbestand gK = [(315 -300)/300] = 0,05 = 5 % und für den Arbeitseinsatz gN = [(20,4–20,0)/20,0] = 0,02 = 2 %. Einsetzen in Gleichung Gl. 4.7 ergibt:

$$gY = (0{,}3 \cdot 0{,}05) + (0{,}7 \cdot 0{,}02) = 0{,}015 + 0{,}014 = 0{,}029 = 2{,}9\% \quad (4.8)$$

In Gleichung Gl. 4.8 sind 0,015 = 1,5 % und 0,014 = 1,4 % die Produktionselastizitäten des Kapitals und des Arbeitseinsatzes. Die Wachstumsrate der Produktion ist folglich gY = 2,9 %.

Man erhält den Wert gY = 2,9 % auch durch folgende Überlegung. Der Anfangswert Y_1 = 45,07 wächst auf Y_2 = 46,37. Das ist eine Wachstumsrate gY = [(46,37–45,07)/45,07] = 0,0288 = 2,9 %.

Man kann anstatt mit Wachstumsraten auch mit einem Vergrößerungsfaktor argumentieren. Der Anfangswert Y_1 = 45,07 wächst dann auf Y_2 = 45,07·1,0288 = 46,37.

4.3.2 Arbeitsproduktivität, Kapitalintensität und Wachstumsgleichgewicht

In Abschn. 4.2 ist die Arbeitsproduktivität definiert als Y/N = α. Nachdem wir nun die Cobb–Douglas-Produktionsfunktion kennen, liegt es nahe, die Produktion Y gemäß Gleichung Gl. 4.6 durch den Arbeitseinsatz N zu dividieren und nach der Arbeitsproduktivität aufzulösen. Nach Umformung (den Rechenweg übergehen wir) erhalten wir:

$$\left(\frac{Y}{N}\right) = \alpha = \left(\frac{K}{N}\right)^a = k^a \quad (4.9)$$

Der Quotient K/N in Gleichung Gl. 4.9 ist die Kapitalintensität k. Diese Größe gibt an, in welchem Ausmaß eine Arbeitseinheit mit Kapital ausgestattet ist. Gemäß Gleichung Gl. 4.9 ist die Arbeitsproduktivität α gleich der Kapitalintensität k potenziert mit der Produktionselastizität a.

Gleichung Gl. 4.9 kann in Wachstumsraten formuliert werden.
Es gilt:

$$g\left(\frac{Y}{N}\right) = g\alpha$$

$$g\alpha = a \cdot g\left(\frac{K}{N}\right) = a \cdot gk \quad (4.10)$$

4.3 Solow-Modell ohne technischen Fortschritt

Abb. 4.3 Wachstumsgleichgewicht

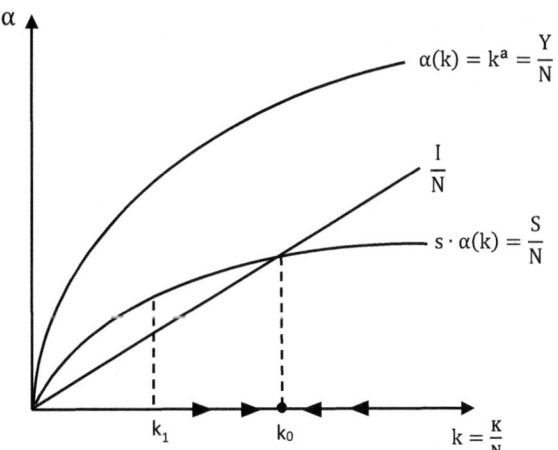

Gleichung Gl. 4.10 besagt, dass die Arbeitsproduktivität wächst ($g\alpha > 0$), wenn die Kapitalintensität wächst ($gk > 0$). Dies leuchtet ein. Je mehr Kapital der Produktionsfaktor Arbeit im Produktionsprozess zur Verfügung hat, umso höher ist seine Produktivität. Allerdings schlägt sich ein Wachstum der Kapitalintensität nicht im gleichen Umfang in einem Wachstum der Arbeitsproduktivität nieder, da die Produktionselastizität a < 1 ist.

Wir können nun der Frage nachgehen, wie sich in einer Volkswirtschaft mit steigender Arbeitsproduktivität und Kapitalintensität das Pro-Kopf-Einkommen entwickelt. Setzt sich ein Wachstum des Pro-Kopf-Einkommens endlos fort oder strebt der Prozess einem Gleichgewicht zu? Die Antwort auf diese Frage kann anhand der Abb. 4.3 gegeben werden.

In Abb. 4.3 ist zunächst einmal die Arbeitsproduktivität $\alpha = Y/N$ (Ordinate) in Abhängigkeit von der Kapitalintensität k (Abszisse) dargestellt. Gemäß Gleichung Gl. 4.9 steigt die Arbeitsproduktivität nur mit sinkenden Zuwächsen an, wenn die Kapitalintensität ansteigt. Formal liegt das daran, dass in Gleichung Gl. 4.9 die Hochzahl a < 1 ist. Dies ist ein ganz entscheidender Punkt. Wir haben hier genau den gleichen Sachverhalt vorliegen, den wir aus Abb. 4.2 als abnehmende Grenzproduktivität des Kapitals bereits kennen. Hier wird zum wiederholten Mal deutlich, dass in dem bisher behandelten Modell die abnehmende Grenzproduktivität des Kapitals nach wie vor ein immanenter Bestandteil ist. Kurz: Die Arbeitsproduktivität Y/N steigt wegen der abnehmenden Grenzproduktivität des Kapitals nur degressiv an.

Außerdem ist die Linie s·α in Abhängigkeit von k dargestellt. Da nur ein Teil s von der Produktion Y gespart wird, verläuft diese Linie S/N unterhalb der Linie der Arbeitsproduktivität.

Schließlich ist eine Gerade I/N dargestellt. Die Gerade I/N gibt an, wieviel pro Arbeitseinsatz investiert werden muss, damit eine bestimmte Kapitalintensität aufrechterhalten

Tab. 4.2 Arbeitsproduktivität und Kapitalintensität im Wachstumsgleichgewicht

α = konstant	k = konstant
$g\alpha = g(Y/N) = gY - gN = 0$	$gk = g(K/N) = gK - gN = 0$
$gY = gN$	$gK = gN$

bleibt. Für die Investition I nehmen wir zur Vereinfachung an, dass keine Abschreibungen anfallen. Brutto- und Nettoinvestitionen sind also gleich. Investitionen sind identisch mit einem Kapitalzuwachs. Mit anderen Worten: Der Kapitalbestand hat eine unendliche Lebensdauer. Das ist zwar eine recht unrealistische Annahme. Für die grundsätzlichen Aussagen des Modells ist diese Annahme jedoch ungefährlich.

Was wird bei der in Abb. 4.3 dargestellten Konstellation passieren?

Gehen wir von der Kapitalintensität k_1 aus. Hier fällt mehr Ersparnis = Investition an, als zur Aufrechterhaltung dieser Kapitalintensität notwendig ist. Es ist $(S/N)_1 > (I/N)_1$. Die Kapitalintensität steigt also an, da in k_1 die Investition (und damit der Kapitalzuwachs) größer ist als diejenige Investition, die zur Aufrechterhaltung dieser Kapitalintensität notwendig ist. Und mit der steigenden Kapitalintensität steigt auch die Arbeitsproduktivität an. Dieser Prozess setzt sich jedoch nicht endlos fort, da auch die Linie $s \cdot \alpha(k)$ nur degressiv ansteigt. Der Prozess strebt dem Gleichgewicht k_0 zu, in dem von der Produktion gerade genau so viel gespart = investiert wird, wie für die Konstanz dieser Kapitalintensität k_0 notwendig ist. Dieses Gleichgewicht ist ein Wachstumsgleichgewicht. Der Kapitalbestand und der Arbeitseinsatz wachsen mit der gleichen Rate. Da Kapitalbestand und Arbeitseinsatz mit der gleichen Rate wachsen, bleibt die Kapitalintensität und damit auch die Arbeitsproduktivität in k_0 konstant.

Das Ergebnis unserer bisherigen Überlegungen ist in Tabelle Tab. 4.2 dargestellt.

Was bedeutet das alles für die langfristige Entwicklung einer Volkswirtschaft?

Pro-Kopf-Einkommen

Die Arbeitsproduktivität ist definiert als $Y/N = \alpha$ (Gleichung Gl. 4.2 bzw. Gleichung Gl. 4.9). Die linke Hälfte der Tab. 4.2 signalisiert, dass die Arbeitsproduktivität in k_0 konstant ist [$g\alpha = (gY - gN) = 0$]. Was den Term gN = Wachstumsrate des Arbeitseinsatzes anbelangt, so haben wir in Abschn. 4.2 gN = gB unterstellt. Wir haben das damit begründet, dass sich ein wachsender Arbeitseinsatz (gN > 0) langfristig nur aus einem gleich großen exogenen Wachstum der Bevölkerung (gB > 0) rekrutiert. Wir können also hier und im folgenden gN = gB unterstellen. Da die Arbeitsproduktivität in k_0 nicht mehr wächst, bleibt also wegen gN = gB auch das Pro-Kopf-Einkommen konstant [$g(Y/B) = (gY - gB) = 0$].

Das Ergebnis unseres Modells ist bisher recht frustrierend. Langfristig ist offensichtlich keine Erhöhung des Pro-Kopf-Einkommens (des Lebensstandards) möglich. Die Ursache hierfür ist, dass – grafisch argumentiert – in Abb. 4.3 die Arbeitsproduktivität wegen a < 1 nur degressiv ansteigt und folglich das Wachstum der Arbeitsproduktivität in k_0 zum Erliegen kommt. Inhaltlich ist die Ursache hierfür die mehrfach erwähnte abnehmende Grenzproduktivität des Kapitals. Man kann es drehen und wenden wie man will. Ein dauerhafter Anstieg

4.3 Solow-Modell ohne technischen Fortschritt

der Arbeitsproduktivität ist nicht möglich. Und damit ist auch das Pro-Kopf-Einkommen langfristig konstant.

Die Rolle der Ersparnis

Bietet eine Erhöhung der Sparquote einen Ausweg aus dieser Kalamität?

Eine höhere Sparquote hat zur Folge, dass sich in Abb. 4.3 die Linie s·α(k) nach oben verschiebt (nicht eingezeichnet). Damit steigt die gleichgewichtige Kapitalintensität. Der Kapitalbestand wächst durch Kapitalbildung kurzfristig stärker als der Arbeitseinsatz (gK > gN). Die Wirtschaft ist gewissermaßen auf dem Weg zu einem neuen Wachstumsgleichgewicht. Kurzfristig steigen die Arbeitsproduktivität und damit auch das Pro-Kopf-Einkommen. Was ist also das Problem?

Das Problem ist, dass das nicht von Dauer ist. Auch hier schwebt über dem Ganzen das Damokles-Schwert der abnehmenden Grenzproduktivität des Kapitals. Wenn das neue Wachstumsgleichgewicht schließlich erreicht ist (in Abb. 4.3 rechts von k_0), dann sind Arbeitsproduktivität und Kapitalintensität wieder konstant. Die linke Hälfte der Tab. 4.2 signalisiert, dass im neuen Wachstumsgleichgewicht die Produktion und der Arbeitseinsatz wieder wie vorher mit der gleichen Rate wachsen, nämlich mit der Wachstumsrate des Arbeitseinsatzes bzw. der Bevölkerung (gN = gB). Folglich ist auch das Pro-Kopf-Einkommen im neuen Wachstumsgleichgewicht wieder konstant. Ein Anstieg der Sparquote erhöht also zwar das Niveau des Pro-Kopf-Einkommens, nicht jedoch die Wachstumsraten. Die Ursache für diesen Anpassungsprozess ist immer die Gleiche. Es sind dies die jetzt schon mehrfach erwähnte abnehmende Grenzproduktivität des Kapitals bzw. die nur degressiv ansteigende Arbeitsproduktivität.

▶   **Wir halten fest** Langfristig ist bei gegebener Sparquote das Pro-Kopf-Einkommen konstant. Ein Anstieg der Sparquote erhöht zwar das Niveau des Pro-Kopf-Einkommens, nicht jedoch die Wachstumsraten.

Die Rolle des Bevölkerungswachstums

Welche Rolle kommt dem Bevölkerungswachstum zu? Zur Beantwortung dieser Frage können wir die beiden Hälften der Tab. 4.2 einfach zusammenfügen. Die linke Hälfte der Tab. 4.2 signalisiert, dass die Produktion und der Arbeitseinsatz mit der gleichen Rate wachsen (gY = gN). Die rechte Hälfte der Tab. 4.2 signalisiert, dass der Kapitalbestand und der Arbeitseinsatz mit der gleichen Rate wachsen (gK = gN). Folglich wachsen die Produktion und der Kapitalbestand langfristig mit der gleichen Rate (gY = gK). Nun erinnern wir uns daran, dass der Arbeitseinsatz und die Bevölkerung mit der gleichen Rate wachsen (gN = gB; von dieser Beziehung haben wir nun schon öfter Gebrauch gemacht). Zusammen bedeutet das, dass die Produktion und der Kapitalbestand langfristig mit der Rate des Bevölkerungswachstums (gB > 0) wachsen. Bevölkerungswachstum (gB > 0) ist also eine Quelle für langfristiges Produktionswachstum (gY > 0).

Bedeutet das, dass durch Bevölkerungswachstum auch eine Steigerung des Pro-Kopf-Einkommens ermöglicht wird? Dies ist nicht der Fall. Die linke Hälfte der Tab. 4.2 signalisiert nach wie vor eindeutig, dass die Produktion und der Arbeitseinsatz mit der gleichen Rate wachsen (gY = gN) und folglich das Pro-Kopf-Einkommen konstant ist.

▶ **Wir halten fest** Langfristig wachsen Produktion und Kapitalbestand mit der Rate des Bevölkerungswachstums. Bevölkerungswachstum ist eine Quelle für langfristiges Produktionswachstum, nicht jedoch für eine langfristige Steigerung des Pro-Kopf-Einkommens.

An dieser Stelle muss daran erinnert werden, dass wir in Gleichung Gl. 4.6 eine Produktionsfunktion ohne technischen Fortschritt angenommen haben. Der technische Fortschritt ist in dem bisherigen Modell nicht enthalten. Das bisherige Modell ist also noch recht rudimentär.

Zusammenfassung

Wegen der abnehmenden Grenzproduktivität des Kapitals ist ein dauerhafter Anstieg der Arbeitsproduktivität nicht möglich. Bei gegebener Sparquote sind langfristig im Wachstumsgleichgewicht Arbeitsproduktivität und Kapitalintensität konstant. Daraus folgt, dass langfristig das Pro-Kopf-Einkommen (der Lebensstandard) konstant ist. Ein Anstieg der Sparquote erhöht zwar das Niveau des Pro-Kopf-Einkommens, nicht jedoch die Wachstumsraten. Mit exogen vorgegebenem Bevölkerungswachstum ist ohne technischen Fortschritt zwar langfristiges Produktionswachstum möglich, jedoch kein langfristiges Wachstum des Pro-Kopf-Einkommens. Der technische Fortschritt ist in dem bisherigen Modell nicht enthalten. Ohne technischen Fortschritt gibt es also keine dauerhafte Steigerung des Lebensstandards.

4.4 Exogener technischer Fortschritt

Wir kehren zurück zu der Tabelle Tab. 4.2. Im Wachstumsgleichgewicht sind Arbeitsproduktivität und Kapitalintensität konstant. Folglich gilt gY = gN, und es gilt gK = gN. Daraus folgt gY = gK = gN. Langfristig wachsen die Produktion, der Kapitalbestand und der Arbeitseinsatz mit der gleichen Rate.

Die Krux ist, dass das mit der Realität nicht vereinbar ist. Realiter sind die Wachstumsraten der Produktion (gY) und des Kapitalbestandes (gK) regelmäßig größer als die Wachstumsrate des Arbeitseinsatzes (gN). Produktion und Kapitalbestand wachsen realiter stärker als der Arbeitseinsatz. Eine Wachstumsrate der Produktion, welche über der des Arbeitseinsatzes liegt (gY > gN) bedeutet jedoch, dass die Arbeitsproduktivität wächst

4.4 Exogener technischer Fortschritt

[gα = (gY – gN) > 0]. Aber die Arbeitsproduktivität in unserer bisherigen Analyse ist ja langfristig im Wachstumsgleichgewicht konstant (gα = 0). Das passt nicht zusammen.

Der Widerspruch kann aufgelöst werden durch Berücksichtigung einer dritten Variablen in Gleichung Gl. 4.6 neben dem Kapitalbestand und dem Arbeitseinsatz. Diese „dritte Variable" ist der technische Fortschritt. Mit anderen Worten: Wir müssen in irgendeiner Weise in die Gleichung Gl. 4.6 den technischen Fortschritt mit einbeziehen, um ein Wachstum der Produktion, welches über dem Wachstum des Arbeitseinsatzes liegt, erklären zu können.

Es gibt drei verschiedene Methoden, den technischen Fortschritt einzuführen, je nachdem an welcher Stelle in Gleichung Gl. 4.6 ein zeitabhängiger Vergrößerungsfaktor eingefügt wird:

- totale Faktorproduktivität (abgekürzt: TFP)
- arbeitsgebundener technischer Fortschritt
- kapitalgebundener technischer Fortschritt

4.4.1 Totale Faktorproduktivität

Bei der TFP wird in die Gleichung Gl. 4.6 zusätzlich zu dem Kapitalbestand und dem Arbeitseinsatz ein Faktor A eingefügt, der den Stand der Technik beschreibt und der im Zeitablauf mit dA/dt > 0 wächst. In Abb. 4.1 steht dieser Faktor für den ungebundenen technischen Fortschritt.

Die Produktionsfunktion nimmt dann folgende Form an (das Subskript t lassen wir zur Vereinfachung bei Y, K und N weg):

$$Y = A(t) \cdot K^a \cdot N^{1-a} \quad \frac{dA}{dt} > 0 \quad (4.11)$$

Einsetzen in Gleichung Gl. 4.7 (Solow-Zerlegung) ergibt:

$$gY = gA + a \cdot gK + (1-a) \cdot gN$$

Was bedeutet das?
Nehmen wir an, die TFP wächst mit einer Rate von gA = 2 %. Und nehmen wir weiter an, dass der Kapitalbestand und der Arbeitseinsatz nicht wachsen (gK = gN = 0). Dann ist die Wachstumsrate der Produktion gY = gA = 2 %. Auch wenn also der Kapitalbestand und der Arbeitseinsatz konstant bleiben, kann die Produktion trotzdem wachsen, und zwar mit der gleichen Rate wie die TFP. Kurz: Die TFP ist ein autonomer Wachstumstreiber.

Wie sieht so etwas tatsächlich aus? Das ist in Abb. 4.4 dargestellt (GD, Frühjahr 2024, S. 62).

In der Abb. 4.4 sind vier Größen abgebildet:

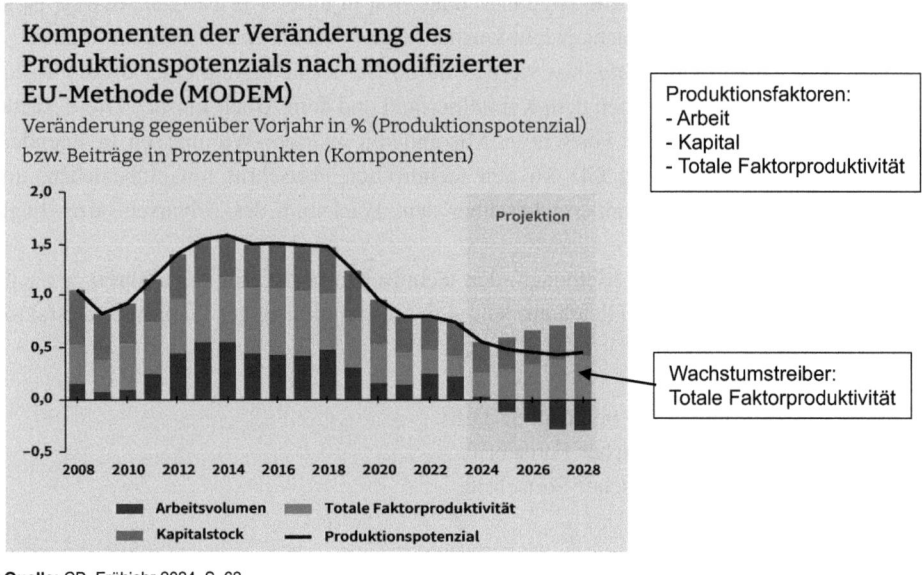

Abb. 4.4 Produktionspotenzial und Produktionsfaktoren

1. Produktionspotenzial
2. Kapitalbestand (auch: Kapitalstock)
3) TFP
4) Arbeitseinsatz

In der Gleichung Gl. 4.11 steht das Produktionspotenzial stellvertretend für die Produktion Y. Und der Kapitalbestand, die TFP und der Arbeitseinsatz sind die drei Produktionsfaktoren.

Produktionspotenzial
Die zentrale Größe ist das Produktionspotenzial. Wir kennen das Produktionspotenzial bereits aus Kap. 2. Das Produktionspotenzial ist eine Art langfristiger Durchschnitt eines hypothetischen BIP, in dem die Kapazitäten normal ausgelastet sind. Es geht also hier nicht um das kurzfristige Auf und Ab der Konjunkturschwankungen. Vielmehr werden durch das Produktionspotenzial die langfristigen Produktionsmöglichkeiten der Volkswirtschaft abgebildet. Ein höheres Produktionspotenzial erhöht einerseits die für Konsum (öffentlich und privat) und Investition zur Verfügung stehenden Ressourcen. Zum anderen erhöhen sich dadurch auch die zur Verteilung der Einkommen zur Verfügung stehenden Mittel. Anders ausgedrückt: Wächst das Produktionspotenzial nur noch schwach, dann

4.4 Exogener technischer Fortschritt

werden zwangsweise die Spielräume für Konsum und Investition einerseits und für die Einkommensverteilung andererseits enger.

In Abb. 4.4 ist die Wachstumsrate des Produktionspotenzials die im Zeitraum 2008 bis 2028 zwischen 1,5 % und 0,5 % im Trend sinkende durchgezogene schwarze Linie. Im Durchschnitt der Jahre 2023 bis 2028 (Projektion) wächst das Produktionspotenzial nur noch um 0,5 %. Für Deutschland ist das der historisch niedrigste Wert. Zum Vergleich: In den 70er Jahren wuchs das Produktionspotenzial im Durchschnitt um 2,5 %. In den 70er Jahren war also das Wachstum des Produktionspotenzials 5mal so hoch wie das, was uns in nächster Zukunft bevorsteht. Woher kommt dieses Desaster?

Die Antwort findet sich in den Säulen unter und über dem jeweiligen Wachstum des Produktionspotenzials. Dort sind die Wachstumsbeiträge der drei Produktionsfaktoren Kapital, TFP und Arbeitseinsatz in Prozentpunkten abgebildet.

Kapitalbestand

Die Investitionen wachsen im Durchschnitt der Jahre 2023 bis 2028 (Projektion) um 0.3 %. In Abb. 4.4 sind das die obersten dunkelgrauen Säulen. Zum Vergleich: In den 70er Jahren wuchsen die Investitionen im Durchschnitt um 1,5 %.

TFP

Die TFP wächst im Durchschnitt der Jahre 2023 bis 2028 um 0,3 %. In Abb. 4.4 sind das die mittleren hellgrauen Säulen, die als „Wachstumstreiber" gekennzeichnet sind. Zum Vergleich: In den 70er Jahren wuchs die TFP im Durchschnitt um 1,1 %.

Arbeitseinsatz

Der Arbeitseinsatz sinkt im Durchschnitt der Jahre 2023 bis 2028 um 0,2 %. In Abb. 4.4 sind das die schwarzen unteren Säulen. Hierin artikuliert sich das massive demografische Problem Deutschlands. Die Bevölkerung schrumpft (Wachstumsbeiträge unter der Null-Linie). Immer mehr Menschen, die aus dem Erwerbsleben ausscheiden, müssen von immer weniger Erwerbstätigen finanziert werden. Diese Lücke durch Zuwanderung zu schließen, ist gerade in Deutschland ein kardinales Problem.

Falls dieses in Abb. 4.4 geschilderte Szenario eintreten sollte, verheißt das nichts Gutes für den Wirtschaftsstandort Deutschland. Deutschland ist geprägt durch eine schwache Investitionstätigkeit, eine niedrige TFP und eine schrumpfende Bevölkerung. Per Saldo führt das zu einem historischen Tiefstand beim Wachstum des Produktionspotenzials.

4.4.2 Arbeitsgebundener und kapitalgebundener technischer Fortschritt

Neben der TFP gibt es auch noch den arbeitsgebundenen und den kapitalgebundenen technischen Fortschritt. In Abb. 4.1 haben wir das als Qualität der Produktionsfaktoren Arbeit und Kapital beschrieben.

Arbeitsgebundener technischer Fortschritt

Wenden wir uns zunächst dem Produktionsfaktor Arbeitseinsatz zu. Bei dem arbeitsgebundenen technischen Fortschritt wird in die Gleichung Gl. 4.6 an den Produktionsfaktor Arbeitseinsatz ein Faktor H angefügt, der im Zeitablauf mit dH/dt > 0 wächst. Die Produktionsfunktion nimmt dann folgende Form an:

$$Y = K^a \cdot (HN)^{1-a} \qquad \frac{dH}{dt} > 0 \qquad (4.12)$$

Der Ausdruck HN bedeutet effektive Arbeit (auch: Arbeit in Effizienzeinheiten). Was bedeutet das?

Durch diese Methode wird berücksichtigt, dass der Produktionsfaktor Arbeitseinsatz kein homogenes Gebilde ist. Vielmehr kann der Arbeitseinsatz im Zeitablauf ein stetig ansteigendes „Kapital" ansammeln, das sog. Humankapital. Voraussetzung ist ein günstiges Umfeld, in dem durch Erziehung, Ausbildung, Weiterbildung, Umschulung, lebenslanges Lernen usw. aus jungen Menschen mit der Zeit stetig qualifiziertere Erwerbstätige werden, die eine höhere Produktion ermöglichen als eine Horde mordgieriger Analphabeten.

Kapitalgebundener technischer Fortschritt

Das gleiche Spiel kann auch auf den Produktionsfaktor Kapital angewendet werden. Bei dem kapitalgebundenen technischen Fortschritt wird jetzt in die Gleichung Gl. 4.6 an den Produktionsfaktor Kapitalbestand ein Faktor S angefügt, der im Zeitablauf mit dS/dt > 0 wächst. Die Produktionsfunktion nimmt dann folgende Form an:

$$Y = (SK)^a \cdot N^{1-a} \qquad \frac{dS}{dt} > 0 \qquad (4.13)$$

Auch der Kapitalbestand ist kein homogenes Gebilde. Es gibt alte Maschinen und neue Maschinen, marode Gebäude und neue Gebäude, alte Technik und neue Computer usw. Durch das Ausscheiden alter Maschinen und das Anschaffen nicht der gleichen Maschinen, sondern neuartiger Maschinen mit neuer Technik und neuen Produktionsverfahren kommt es dazu, dass der kapitalgebundene technische Fortschritt mit der Zeit eine höhere Produktion generiert.

Was bedeutet die Berücksichtigung der beiden Faktoren des arbeitsgebundenen und des kapitalgebundenen technischen Fortschritts zusammen?

4.4 Exogener technischer Fortschritt

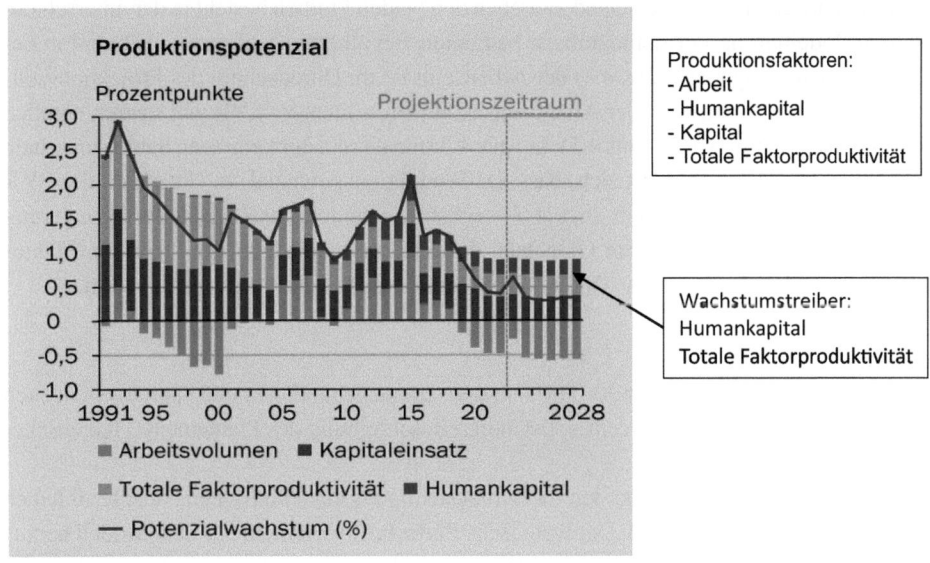

Abb. 4.5 Produktionspotenzial und Humankapital

Beiden Faktoren kommt eine ganz erhebliche Bedeutung zu. Denn beide Faktoren können positive Rückwirkungen auf die TFP haben. Sie wirken also nicht nur isoliert für sich selbst positiv, sondern können zusätzlich positive Effekte hinsichtlich der TFP haben.

Wie sieht eine Darstellung mit dem Humankapital tatsächlich aus? Das ist in Abb. 4.5 dargestellt (SVR, JG 2023. S. 73).

Wir wählen in Abb. 4.4 und in Abb. 4.5 mit Absicht den gleichen Projektionszeitraum bis 2028.

Die beiden Darstellungen folgen der gleichen Methode. Die durchgezogene schwarze Linie ist jeweils die Wachstumsrate des Produktionspotenzials. Und die Säulen ober- und unterhalb sind die Wachstumsbeiträge der Produktionsfaktoren in Prozentpunkten.

Worauf es letztlich ankommt, ist die Entwicklung des Produktionspotenzials. Im Durchschnitt der Jahre 2023 bis 2028 wächst in Abb. 4.5 das Produktionspotenzial um 0,4 %. Das entspricht etwa dem Wert von 0,5 % in Abb. 4.4. Wie bereits erwähnt, ist das für Deutschland ein historischer Tiefpunkt.

Die beiden Studien stammen von unterschiedlichen Gremien. Die Abb. 4.4 ist von der Gemeinschaftsdiagnose, Frühjahr 2024. Die Abb. 4.5 ist von dem SVR, JG 2023. In der Gemeinschaftsdiagnose haben wir nur drei Produktionsfaktoren, nämlich Arbeit, Kapital und TFP. Im Gutachten des SVR haben wir vier Produktionsfaktoren, nämlich Arbeit, Kapital, TFP und zusätzlich das Humankapital. In Abb. 4.5 sind die TFP und das Humankapital die beiden oberen Säulen, die als „Wachstumstreiber" gekennzeichnet sind.

Der hauptsächliche Unterschied zwischen den beiden Studien besteht in der unterschiedlichen Modellierung der demografisch bedingten Bevölkerungsabnahme. Während in der Gemeinschaftsdiagnose (Abb. 4.4) der Arbeitseinsatz im Durchschnitt des Projektionszeitraums um 0,2 % sinkt, sinkt der Arbeitseinsatz im Gutachten des SVR viel stärker, nämlich im Durchschnitt um 0,5 % (Abb. 4.5). In Abb. 4.5 sind das die dunkelgrauen Säulen unterhalb der Null-Linie. Damit erklärt sich, dass das Produktionspotenzial im Gutachten des SVR im Zeitraum 2023 bis 2028 nur um 0,4 % wächst. Die demografisch bedingte Verringerung der Erwerbsbevölkerung ist im Gutachten des SVR so stark, dass der Produktionsfaktor Humankapital nicht zu einem stärkeren Wachstum des Produktionspotenzials führt.

Resümee
Insgesamt haben wir jetzt mit der TFP und dem arbeitsgebundenen und kapitalgebundenen technischen Fortschritt eine recht vollständige Beschreibung des Phänomens „Technischer Fortschritt" (Abb. 4.1).

Die drei geschilderten Methoden zur Berücksichtigung des technischen Fortschritts haben allerdings noch einen Mangel. Der technische Fortschritt wird nicht aus dem Modell heraus erklärt, sondern ist exogen vorgegeben. Der technische Fortschritt fällt gewissermaßen vom Himmel. In Abb. 4.3 wird die Arbeitsproduktivität lediglich auf ein höheres Niveau verschoben, ohne dass das Ausmaß dieser Verschiebung aus dem Modell heraus erklärt wird. Das Problem der sinkenden Grenzproduktivität des Kapitals ist nicht aus der Welt.

Wir können also wie folgt zusammenfassen.

> **Zusammenfassung**
>
> Die Berücksichtigung des technischen Fortschritts bedeutet eine unverzichtbare Vervollständigung des Solow-Modells. Es gibt drei verschiedene Methoden, den technischen Fortschritt im Modell zu berücksichtigen, je nachdem an welcher Stelle in der Produktionsfunktion ein zeitabhängiger Vergrößerungsfaktor eingefügt wird. Empirische Studien weisen für Deutschland für den Zeitraum 2023 bis 2028 einen historischen Tiefstand der Entwicklung des Produktionspotenzials aus. Zentrale Determinante des technischen Fortschritts ist die TFP. Arbeitsgebundener und kapitalgebundener technischer Fortschritt können positive Rückwirkungen auf die TFP haben. Der Mangel des Solow-Modells ist, dass der technische Fortschritt exogen ist und nicht aus dem Modell heraus erklärt wird. ◄

4.5 Endogenes Wachstum, Humankapital und das AK-Modell

Gibt es eine Möglichkeit, den technischen Fortschritt nicht exogen vorzugeben, sondern endogen aus dem Modell heraus zu erklären? Mit dieser Frage wollen wir uns jetzt beschäftigen.

Das nunmehr zu behandelnde sog. AK-Modell besteht aus drei Elementen:

1. Ungebundener technischer Fortschritt
2. Arbeitsgebundener technischer Fortschritt
3. Humankapital ist eine Funktion der Kapitalintensität

Eine entsprechende Produktionsfunktion ist wie folgt zu formulieren:

$$Y = A \cdot K^a \cdot (HN)^{1-a} \qquad (4.14)$$

In Gleichung Gl. 4.14 steht A wie bisher für die TFP. Für die Größe A gilt A > 1, da technischer Fortschritt in Form des ungebundenen technischen Fortschritts stattfindet. Der Produktionsfaktor Kapital K hat die gleiche Bedeutung wie bisher.

Zusätzlich ist in Gleichung Gl. 4.14 der arbeitsgebundene technische Fortschritt mit N = Arbeitseinsatz und H = Humankapital enthalten. Neben dem Produktionsfaktor Kapital ist also die Gleichung Gl. 4.14 eine Kombination aus TFP und arbeitsgebundenem technischen Fortschritt.

Und als drittes Element kommt noch ein kleiner, aber sehr entscheidender Schritt hinzu. Das Humankapital ist nicht exogen (wie in Abschn. 4.4.2, Gleichung Gl. 4.12, in Form des arbeitsgebundenen technischen Fortschritts), sondern ist abhängig von einer anderen Variablen des Modells, nämlich von der Kapitalintensität. Im einfachsten Fall unterstellen wir eine lineare Abhängigkeit der Form H = (K/N). Der technische Fortschritt in Form des Humankapitals ist damit nicht mehr exogen, sondern wird endogen aus dem Modell heraus erklärt.

Was bedeutet das?

Der Produktionsfaktor Kapital wirkt nicht nur direkt positiv auf die Produktion, sondern wirkt auch indirekt via Kapitalintensität positiv auf die Qualität des Humankapitals. Wenn die Kapitalintensität wächst, wächst also auch das Humankapital. Mit einem Computer kann ein intelligenter und lernwilliger Mensch – auch ohne anfangs spezielle PC-Kenntnisse zu haben – eine höhere Produktion generieren als mit einer vorsintflutlichen Rechenmaschine – eigentlich eine Selbstverständlichkeit.

Einsetzen von H = (K/N) in die Gleichung Gl. 4.14 ergibt:

$$Y = A \cdot K^a \cdot \left[(\frac{K}{N}) \cdot N \right]^{1-a}$$

Nach Umformung ergibt sich:

$$Y = A \cdot K \tag{4.15}$$

Mit der Gleichung Gl. 4.15 erhalten wir durch den Trick einer Kombination aus TFP und arbeitsgebundenen technischem Fortschritt das sog. AK-Modell.

Daraus ergeben sich zwei Konsequenzen.

Erstens ergibt die Ableitung der Gleichung Gl. 4.15 nach K:

$$\frac{dY}{dK} = A \tag{4.16}$$

Was passiert hier? Vergleichen wir Gleichung Gl. 4.16 mit der Abb. 4.2. In Abb. 4.2 (unterer Teil) sinkt die Grenzproduktivität des Kapitals. Und gemäß Gleichung Gl. 4.16 steigt die Grenzproduktivität des Kapitals. Die entscheidende Eigenschaft des Solow-Modells wird also in ihr Gegenteil verkehrt. Die Grenzproduktivität des Kapitals sinkt nicht, sondern steigt mit dem Faktor A an.

Zweitens ergibt sich für die Arbeitsproduktivität:

$$\frac{Y}{N} = \alpha = A \cdot \frac{K}{N} = A \cdot k \tag{4.17}$$

Was passiert hier? Vergleichen wir Gleichung Gl. 4.17 mit Gleichung Gl. 4.9 und dem Wachstumsgleichgewicht in Abb. 4.3. Gemäß Gleichung Gl. 4.9 ist die Arbeitsproduktivität $(Y/N) = k^a$. Folglich steigt in Abb. 4.3 die Arbeitsproduktivität nur degressiv an und kommt schließlich in k_0 zum Erliegen. Und jetzt ist gemäß Gleichung Gl. 4.17 die Arbeitsproduktivität eine linear ansteigende Funktion der Kapitalintensität. Im AK-Modell ist es also möglich, dass die Arbeitsproduktivität und die Kapitalintensität grenzenlos wachsen.

Zusammenfassung

Das AK-Modell besteht aus einer Produktionsfunktion mit ungebundenem technischem Fortschritt, Kapital und arbeitsgebundenem technischem Fortschritt. Das besondere Merkmal ist, dass das Humankapital positiv abhängt von der Kapitalintensität und dadurch endogen erklärt wird. Durch diese Konstruktion ist es möglich, dass die Grenzproduktivität des Kapitals zunimmt und die Arbeitsproduktivität und die Kapitalintensität grenzenlos wachsen.◄

4.6 Eine radikale Fragestellung

Die Überschrift zu Kap. 4 lautet „Wachstum – Die lange Frist". Nun wird angesichts der drohenden Klimakatastrophe das Ziel eines immerwährenden wirtschaftlichen Wachstums zunehmend grundsätzlich infrage gestellt.

4.6 Eine radikale Fragestellung

Die radikale Frage lautet: Müssen hoch entwickelte Volkswirtschaften – zumindest westlichen Zuschnitts – systemimmanent wachsen? Oder steht es solchen Volkswirtschaften im Prinzip frei, sich für Null-Wachstum zu entscheiden?

Diese Volkwirtschaften zeichnen sich durch zwei Eigenschaften aus. Erstens ist das Eigentum an den Produktionsmitteln in privater Hand und die Koordination der einzelwirtschaftlichen Aktivitäten erfolgt über Märkte. Und zweitens gibt es zusätzlich die notwendige Korrektur von Marktmängeln, die nur durch den Staat erfolgen kann. Dazu gehört auch und insbesondere eine Geld- und Fiskalpolitik, die Konjunkturschwankungen und deren negative Begleiterscheinungen wie Inflation und Arbeitslosigkeit zu vermeiden sucht. Es geht also nicht um die kurzfristigen Folgen der Vermeidung negativer Folgen von Konjunkturschwankungen. Es geht um die grundsätzliche Frage der Sinnhaftigkeit eines langfristigen Wachstumsziels.

Wenn sich eine Gemeinschaft freier Bürger in einer solchen hoch entwickelten Volkswirtschaft für Null-Wachstum entscheidet, spricht aus wirtschaftswissenschaftlicher Sicht eigentlich nichts dagegen. Diese Ansicht äußerte 2020 in einem Zeitungsinterview auch ausgerechnet Robert Solow – der Begründer der neoklassischen Wachstumstheorie. Für Wachstumsapologeten ist das eine provozierende These.

Solow wies jedoch auf schwerwiegende Probleme hin, die während der Übergangszeit zu einem möglichen Null-Wachstum mit hoher Wahrscheinlichkeit auftreten werden.

Die Argumentation lautet etwa wie folgt.

- Es wird weniger Arbeit eingesetzt und mehr Freizeit geben. Arbeitsangebot und Arbeitsnachfrage sinken. Da diese Entwicklungen regelmäßig auseinanderklaffen, kommt es zu struktureller Arbeitslosigkeit.
- Weniger Produktion bedeutet überflüssige Produktionsstätten. Pleiten und Konkurse nehmen zu.
- Private und öffentliche Schulden sind durch das vorlaufende Wachstum gestiegen. Die Gläubiger-Schuldner-Positionen können in dem gleichen Ausmaß nicht mehr bedient werden und müssen abgewertet werden.
- Gleiches gilt für das aufgelaufene Vermögen.

Es könnte sein, dass sich die Null-Wachstumsgesellschaft über diese Probleme nicht im Klaren ist. Mit Sicherheit würden diese Probleme den Weg zu Null-Wachstum außerordentlich beschwerlich gestalten. Und es könnte sein, dass dadurch der Weg zu Null-Wachstum trotz des guten Willens aller Beteiligten letztlich unmöglich wird.

Vielleicht sollten wir die eingangs gestellte Radikalfrage etwas abwandeln und unser Thema wieder ins Spiel bringen.

Brauchen wir Verbote und Null-Wachstum, um das Klima zu retten? Oder können wir auf Innovationen und technischen Fortschritt setzen? – Ein ungelöstes Problem.

Literatur

Projektgruppe Gemeinschaftsdiagnose (Hrsg.). (2024). Deutsche Wirtschaft kränkelt – Reform der Schuldenbremse kein Allheilmittel. Gemeinschaftsdiagnose Frühjahr 2024.

Sachverständigenrat zur Begutachtung der gesamtwirtschaftlichen Entwicklung. (2023). Wachstumsschwäche überwinden, in die Zukunft investieren. Jahresgutachten 2023/24.

Weiterführende Literatur

Blanchard, O. et al. (2021). Makroökonomie. 8. Aufl. Pearson. Kapitel 10 – 13.

Bofinger, P. (2020). Grundzüge der Volkswirtschaftslehre. 5. Aufl. Pearson. Kapitel 31.

Mankiw, N. G. (2024). Makroökonomik. 8. Aufl. Schäffer-Poeschel. Kapitel 8 – 10.

Solow, R. M. (1956). A contribution to the theory of economic growth. Quarterly Journal of Economics. Bd. 70 (S. 65 – 94).

Solow, R. M. (2020). Diese Wende würde hart. In Die Zeit. 9. Juli (S. 20 – 21).

Arbeitsmarkt 5

Arbeit gibt dir Sinn und Zweck und das Leben ist ohne sie leer.

Stephen Hawking, 1942–2018

5.1 Das Modell des Arbeitsmarktes

In Deutschland herrscht im Prinzip Tarifautonomie. Das bedeutet, dass die Gewerkschaften und die Unternehmen alleine für die Lohnfindung verantwortlich sind. Der Staat mischt sich da nicht ein (abgesehen von der gesetzlichen Festlegung von Mindestlöhnen).

Am Arbeitsmarkt treffen Nachfrager nach Arbeit und Anbieter von Arbeit zusammen. Die Arbeitsnachfrager sind die Unternehmen und der Staat (umgangssprachlich: Arbeitgeber). Arbeitsanbieter sind die Haushalte (umgangssprachlich: Arbeitnehmer).

Im Modell des Arbeitsmarktes wird das in der Volkswirtschaftslehre übliche Angebot-Nachfrage-Modell einfach auf den Arbeitsmarkt übertragen. Das Gut, das auf dem Arbeitsmarkt gehandelt wird, ist die menschliche Arbeit. Und der Preis dieses Gutes ist der Lohn. Der „Lohn" ist der Reallohn, da die beiden Tarifpartner letztlich daran interessiert sind, was sie sich für ihr Einkommen kaufen können (Arbeitsanbieter = Haushalte) bzw. welche Kosten die eingesetzte Arbeitskraft real verursacht (Arbeitsnachfrager = Unternehmen).

Zum Zusammenhang zwischen Reallohn, Nominallohn und Inflationsrate

Der Reallohn l ist definiert als $l = (W/P)$. Hierbei ist W der Nominallohn (auch: Geldlohn), und P ist das Preisniveau. Beispiel (g = growth rate = Wachstumsrate; vgl. hierzu Abschn. 4.2, Wachstumstheorie):

Der Nominallohn wächst um $gW = 5\%$. Die Inflationsrate ist $gP = \pi = 2\%$. Dann gilt für den Reallohnzuwachs:

$$gl = g\left(\frac{W}{P}\right) = gW - gP = 5\% - 2\% = 3\%$$

Der Reallohn wächst also (nur) um 3 %. Da die Inflationsrate 2 % ist, bleiben dem Arbeitnehmer von den 5 % Nominallohnzuwachs real nur 3 % übrig.

5.2 Arbeitsnachfrage

Die Produktion von Gütern geschieht in Unternehmen durch das Zusammenwirken von Produktionsfaktoren. Produktionsfaktoren sind Arbeit, Kapital und technischer Fortschritt. Zur Vereinfachung klammern wir den technischen Fortschritt aus und konzentrieren uns ausschließlich auf die beiden Produktionsfaktoren Arbeit und Kapital.

Wovon hängt die Arbeitsnachfrage seitens der Unternehmen ab? Hier spielt der Reallohn – bei gleicher Qualifikation usw. – mit Sicherheit die entscheidende Rolle. Wir können die Cobb–Douglas-Produktionsfunktion aus Abschn. 4.3.1 verwenden, um die Arbeitsnachfrage seitens der Unternehmen herzuleiten:

$$Y = K^a \cdot N^{1-a} \quad 0 < a < 1 \tag{5.1}$$

Diese Produktionsfunktion ist identisch mit Gl. 4.6. Wir können daher auf eine Erläuterung der Symbole verzichten.

Die Gleichung Gl. 5.1 ist zusammen mit der marginalen Arbeitsproduktivität in Abb. 5.1 dargestellt.

Im oberen Teil der Abb. 5.1 ist die Produktionsfunktion dargestellt. Der Unterschied zu der Gleichung Gl. 4.6 ist, dass jetzt der Arbeitseinsatz N variiert wird und der Kapitalbestand K konstant ist. Wegen $1 - a < 1$ steigt die Produktion mit wachsendem Arbeitseinsatz zwar an, jedoch nur mit abnehmenden Zuwächsen. Wenn bei konstantem Kapitalbestand der Arbeitseinsatz ständig erhöht wird, dann steigt die Produktion zwar an, jedoch fällt der Zuwachs immer kleiner aus. Am Ende stehen sich die Arbeiter nur gegenseitig im Weg und können die knappen Maschinen nicht bedienen.

Im unteren Teil der Abb. 5.1 beschreibt die fallende Linie den Verlauf der marginalen Arbeitsproduktivität (vgl. oben Abschn. 4.3.1).

Außerdem ist im unteren Teil der Abb. 5.1 der Reallohn l = (W/P) als vorgegebene Größe durch eine horizontale Line angegeben.

Was bedeutet das? Die fallende Linie der marginalen Arbeitsproduktivität charakterisiert den realen Ertrag, den eine Unternehmung durch den Mehreinsatz einer Arbeitseinheit erzielen kann. Soweit dieser reale Ertrag noch höher ist als der Reallohn (W/P), der für den Mehreinsatz einer Arbeitseinheit gezahlt werden muss, lohnt sich der Mehreinsatz dieser Arbeitseinheit für die Unternehmung. In Abb. 5.1 ist das der Bereich links von N*. Wenn der reale Ertrag unter den Reallohn sinkt, wird keine Arbeit mehr eingesetzt. Der

Abb. 5.1 Produktionsfunktion und marginale Arbeitsproduktivität

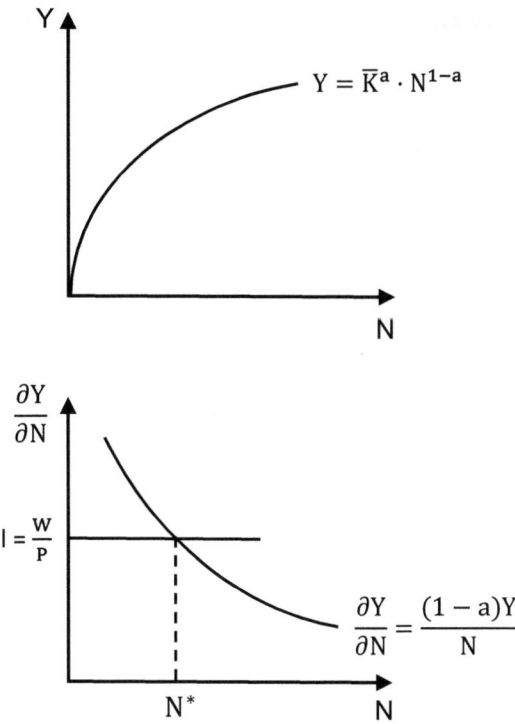

gewinnoptimale Einsatz ist in der Abb. 5.1 durch N* gekennzeichnet. Wenn der Reallohn (W/P) sinkt, wird der Arbeitseinsatz erhöht (und umgekehrt).

Insgesamt bedeutet das, dass die Linie der marginalen Arbeitsproduktivität als Arbeitsnachfragefunktion interpretiert werden kann. Zur Vereinfachung gehen wir im Folgenden von einer linearen Arbeitsnachfragefunktion aus. Die Arbeitsnachfragefunktion in Abhängigkeit vom Reallohn ist in Abb. 5.2 dargestellt.

In Abb. 5.2 ist auf der Ordinate der Reallohn (W/P) und auf der Abszisse der Arbeitseinsatz N abgetragen. Die fallende Linie N^d bedeutet, dass die Arbeitsnachfrage steigt, wenn der Reallohn sinkt.

▶ **Wir halten fest** Die Arbeitsnachfrage hängt negativ vom Reallohn ab.

Abb. 5.2 Arbeitsnachfrage

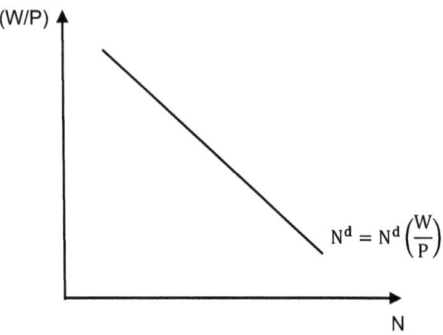

5.3 Arbeitsangebot

Die Haushalte sind am Arbeitsmarkt die Anbieter von Arbeit.

Wie entscheidet sich ein typischer Haushalt hinsichtlich der Frage, ob er arbeiten soll oder nicht? Der Haushalt muss sich entscheiden, entweder als arbeitsamer Mensch ein Einkommen zu beziehen und sich durch Fleiß und Können zu bewähren und zu einem gewissen Wohlstand zu kommen, oder auf Einkommen zugunsten von Freizeit zu verzichten und mit Transfereinkommen ein relativ bescheidenes Leben zu führen. Der optimale Mix aus Einkommen einerseits und Freizeit andererseits hängt von den Nutzenvorstellungen des Haushalts ab. Je nachdem, welche Nutzenvorstellungen der Haushalt mit Einkommen einerseits und Freizeit andererseits verbindet, wird die Reaktion im Einzelfall recht unterschiedlich ausfallen.

Wie löst die Volkswirtschaftslehre dieses Problem? Mit Nutzenvorstellungen bewegt man sich im Bereich der Mikroökonomik. Ohne sich in theoretischen Details zu verlieren, können wir uns an der Arbeitsnachfrage der Unternehmen orientieren. In Abschn. 5.2 haben wir erfahren, dass die Arbeitsnachfrage der Unternehmen negativ vom Reallohn abhängt, da Löhne für die Unternehmen Kosten sind. Für den Haushalt bedeutet jeder Mehreinsatz an Arbeit einen höheren Verlust an Freizeit. Und je höher dieser Verlust an Freizeit ist, desto höher muss als Ausgleich für den Freizeitverlust der Reallohn sein, den der Haushalt für seinen Arbeitseinsatz verlangt. Ob der Haushalt diesen Lohn dann auch erhält, ist eine andere Frage. Das hängt von der Arbeitsnachfrage seitens der Unternehmen ab. Mit anderen Worten: Für eine entsprechend hohe Belohnung wird auch der größte Faulpelz zum Arbeitstier.

Wir können also im Normalfall davon ausgehen, dass das Arbeitsangebot positiv vom Reallohn abhängt. Je höher der Reallohn ist, desto mehr ist der Haushalt bereit, auf Freizeit zugunsten des Einkommens zu verzichten. Aber es gibt auch Ausnahmen von diesem Normalfall. Das kann anhand der Arbeitsangebotsfunktion erläutert werden.

Die Arbeitsangebotsfunktion in Abhängigkeit vom Reallohn ist in Abb. 5.3 dargestellt.

In Abb. 5.3 ist der Bereich zwischen dem Reallohn $(W/P)_1$ und $(W/P)_2$ der Normalfall. In diesem Bereich steigt das Arbeitsangebot mit steigendem Reallohn an. Der

5.3 Arbeitsangebot

Abb. 5.3 Arbeitsangebot

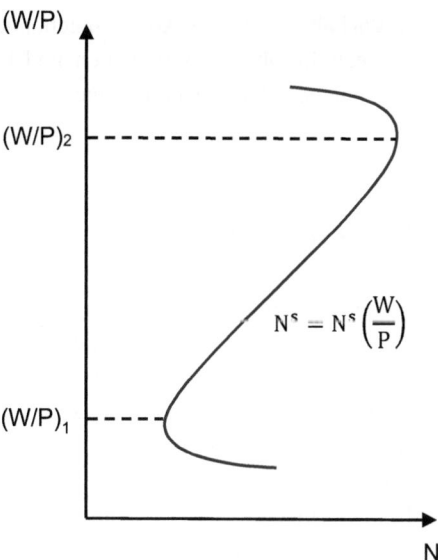

Haushalt ist bereit, für einen höheren Reallohn mehr zu arbeiten. In diesem Bereich verfügt der Haushalt noch über reichlich Freizeit und schätzt daher den Nutzenzuwachs aus der Einkommenssteigerung höher ein als die Nutzenminderung aus dem Freizeitverlust.

Ab dem Reallohn $(W/P)_2$ führt dann allerdings eine weitere Steigerung des Reallohnes zu einer Einschränkung des Arbeitsangebots. Die Angebotsfunktion knickt nach links ab. Der Haushalt arbeitet bereits so lange, dass sein Einkommen recht hoch ist, d. h. zusätzliches Einkommen seinen Nutzen nur geringfügig steigert. Anderseits ist aber Freizeit für ihn nach einem 14-h-Arbeitstag ein extrem wertvolles Gut. Wird der Reallohn hier noch weiter angehoben, dann schränkt der Haushalt sein Arbeitsangebot ein, d. h. er verzichtet auf die mögliche weitere Einkommenssteigerung zugunsten von mehr Freizeit.

Umgekehrt ist es unterhalb des Reallohnes $(W/P)_1$. Hier hat der Haushalt ein recht niedriges Einkommen. Wird nun der Reallohn weiter verringert, dann schränkt der Haushalt sein Arbeitsangebot nicht ein, wie es im Normalbereich die Reaktion auf eine Reallohnsenkung ist. Vielmehr dehnt der Haushalt sein Arbeitsangebot aus, um sein Einkommensniveau zur physischen Existenzsicherung aufrecht zu erhalten. In diesem Bereich können weitere Reallohnsenkungen zu unvertretbaren Zuständen führen, wie z. Bsp. überlange Arbeitszeiten, Kinderarbeit usw. Die Menschen arbeiten nicht trotz, sondern wegen der Reallohnsenkung länger, um nicht zu verhungern.

Wir beschränken uns im Folgenden auf den Normalfall, in dem das Arbeitsangebot positiv vom Reallohn abhängt. Die Problematik eines Mindestlohnes im Niedriglohnbereich behandeln wir in Abschn. 5.4.2.

▶ **Wir halten fest** Das Arbeitsangebot hängt in einem Normalbereich positiv vom Reallohn ab. Bei sehr hohen und bei sehr niedrigem Reallohn kann es zu anomalen Reaktionen kommen.

5.4 Arbeitslosigkeit

Wir können nun die Arbeitsnachfrage der Unternehmen und das Arbeitsangebot der Haushalte zusammenfügen zu einem Modell des Arbeitsmarktes. Dieses Modell des Arbeitsmarktes ist in Abb. 5.4 dargestellt.

In Abb. 5.4 ist wieder auf der Ordinate der Reallohn (W/P) und auf der Abszisse der Arbeitseinsatz N abgetragen.

Das freie Spiel des Reallohnes bewirkt den Ausgleich zwischen Arbeitsnachfrage N^d und Arbeitsangebot N^s. Der Schnittpunkt zwischen Arbeitsnachfrage N^d und Arbeitsangebot N^s ist mit (l_0/N_0) gekennzeichnet. Dieser Schnittpunkt wird als Vollbeschäftigung bezeichnet. Vollbeschäftigung bedeutet, dass jeder, der arbeiten will, auch arbeiten kann.

Arbeitslosigkeit bedeutet, dass das Arbeitsangebot der Haushalte N^s größer ist als die Arbeitsnachfrage der Unternehmen N^d.

5.4.1 Drei Arten von Arbeitslosigkeit

Die Abb. 5.4 suggeriert, dass es nur eine Art von Arbeitslosigkeit gibt, nämlich dass einfach das Arbeitsangebot der Haushalte N^s größer ist als die Arbeitsnachfrage der Unternehmen N^d. Dies ist eine sehr verengte Sichtweise. Es wird völlig vernachlässigt, dass zwischen dem Arbeitsmarkt und dem Gütermarkt einerseits und der Produktionsfunktion

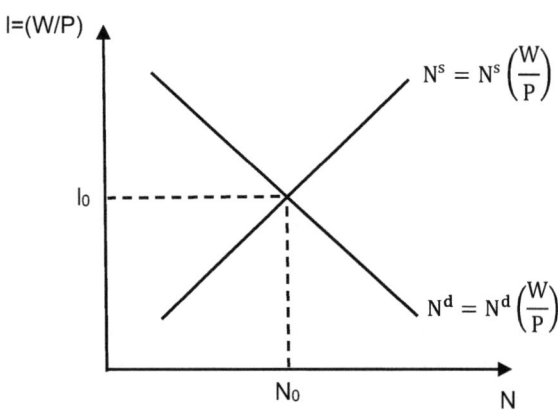

Abb. 5.4 Arbeitsmarkt

5.4 Arbeitslosigkeit

andererseits Interdependenzen bestehen. Der Arbeitsmarkt ist gewissermaßen ein Bindeglied zwischen der Verwendung des BIP (Gütermarkt) und der Entstehung des BIP (Produktionsfunktion). Hierauf wird überhaupt nicht eingegangen.

Im Folgenden werden daher in einer breiteren Sicht der Dinge drei Arten von Arbeitslosigkeit unterschieden:

1. Keynesianische Arbeitslosigkeit
2. Klassische Arbeitslosigkeit
3. Kapitalmangel-Arbeitslosigkeit

Bei der keynesianischen Arbeitslosigkeit ist die Arbeitslosigkeit Folge einer unzureichenden Nachfrage am Gütermarkt. Wegen pessimistischer Absatzerwartungen setzten die Unternehmen nur weniger Arbeit ein als es die Vollbeschäftigung erfordert.

Bei der klassischen Arbeitslosigkeit ist den Unternehmen der Faktor Arbeit zu teuer. Der Reallohn als Preis des Faktors Arbeit muss gesenkt werden. Die Anpassungslast zur Beseitigung der Arbeitslosigkeit wird vollständig auf den Reallohn übertragen. Dies entspricht dem in Abb. 5.4 angedeuteten Fall.

Bei der Kapitalmangel-Arbeitslosigkeit ist die Arbeitslosigkeit Folge einer mangelhaften Kapitalausstattung des Faktors Arbeit. Die Arbeitsproduktivität ist zu niedrig. Die Investitionen müssen gesteigert werden, damit die Arbeitsproduktivität steigt und Raum geschaffen wird für eine Reallohnerhöhung.

Diese drei Arten von Arbeitslosigkeit werden im Folgenden erläutert.

5.4.1.1 Keynesianische Arbeitslosigkeit

Der Fall der keynesianischen Arbeitslosigkeit ist in Abb. 5.5 dargestellt.

Die keynesianische Arbeitslosigkeit wird auch als Nachfragemangel-Arbeitslosigkeit oder als konjunkturelle Arbeitslosigkeit bezeichnet.

Abb. 5.5 Keynesianische Arbeitslosigkeit

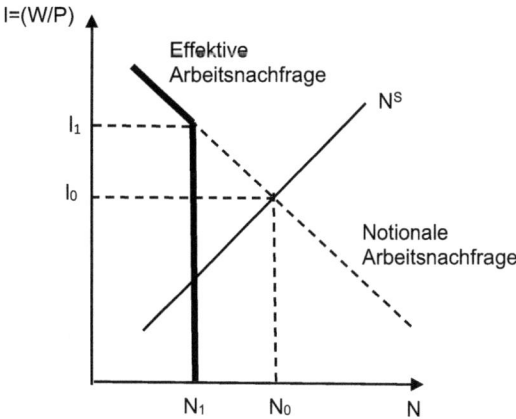

In Abb. 5.5 ist die Arbeitsnachfrage in zwei Bereiche unterteilt, nämlich in eine effektive Arbeitsnachfrage und in einen Bereich, den man als notionale Arbeitsnachfrage bezeichnet. Zur Wirkung kommt nur die effektive Arbeitsnachfrage (fett eingezeichnet). Diese effektiv zur Wirkung kommende Arbeitsnachfrage führt bei dem Reallohn l_1 zu einem Arbeitseinsatz N_1, der unterhalb der Vollbeschäftigung N_0 liegt. Was bedeutet das?

Diagnose
Die Unternehmen sehen sich einer Absatzschranke am Gütermarkt gegenüber. Wegen pessimistischer Absatzerwartungen setzen sie bei dem Reallohn l_1 nur die Arbeitsmenge N_1 ein, weil sie nicht mehr als die mit dem Arbeitseinsatz N_1 verbundene Produktion glauben absetzen zu können. Eine Lohnsenkung von l_1 auf l_0 ist nutzlos bis kontraproduktiv. Die Lohnsenkung würde das Einkommen und damit auch möglicherweise die Konsumnachfrage verringern.

Therapie
Der Staat muss die Nachfrage am Gütermarkt durch Geld- und Fiskalpolitik gewissermaßen künstlich anregen (Keynesianische Nachfragepolitik). Die Unternehmen erhöhen den Arbeitseinsatz N_1 (nicht eingezeichnet), weil sie durch die steigende Nachfrage am Gütermarkt damit rechnen, nunmehr am Gütermarkt mehr als die mit dem Arbeitseinsatz N_1 verbundene Produktion absetzen zu können.

Ideologie
Schließt man sich dieser Sicht der Dinge an, so ist die Schlussfolgerung eindeutig. Der Staat muss die Dinge richten. Nur der Staat ist kurzfristig in der Lage, mit der Geld- und Fiskalpolitik der Nachfrage am Gütermarkt auf die Sprünge zu helfen. Zinssenkung, Staatsaufträge, Steuersenkung, Abschreibungserleichterungen usw. sind kurzfristig notwendig, um aus dem Teufelskreis der Rezession herauszukommen.

5.4.1.2 Klassische Arbeitslosigkeit
Der Fall der klassischen Arbeitslosigkeit ist in Abb. 5.6 dargestellt.
Die klassische Arbeitslosigkeit wird auch als Mindestlohn-Arbeitslosigkeit bezeichnet.

Diagnose
Der Reallohn l_1 ist im Vergleich zur Arbeitsproduktivität zu hoch. Der Produktionsfaktor Arbeit ist den Unternehmen zu teuer. Die Unternehmen setzen bei dem Reallohn l_1 weniger Arbeit ein als die Vollbeschäftigung erfordert ($N_1 < N_0$). Die Unternehmen haben optimistische Absatzerwartungen. Eine Absatzschranke am Gütermarkt existiert nicht.

Abb. 5.6 Klassische Arbeitslosigkeit

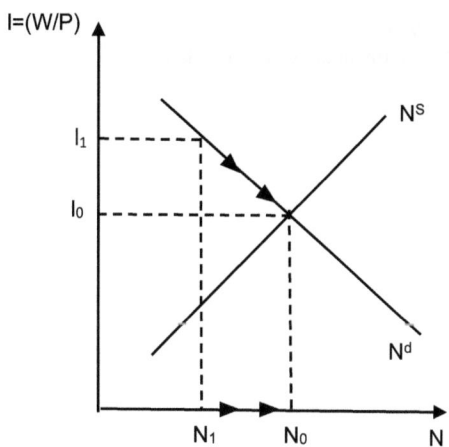

Therapie
Der Reallohn muss gesenkt werden. Bei dem niedrigen Reallohn l_0 setzen die Unternehmen mehr Arbeit ein. In Abb. 5.6 ist das eine Bewegung auf N^d nach unten. Die Wirtschaft kann zur Vollbeschäftigung N_0 zurückfinden, ohne dass der Staat mit Geld- und Fiskalpolitik eingreifen muss.

Ideologie
Hier sind die Gewerkschaften die Schuldigen, die den Nominallohn zu sehr in die Höhe getrieben haben (oder andere Angebotsschocks haben einen Kostenschub ausgelöst). Der Reallohn muss gesenkt werden, damit die Wirtschaft wieder wettbewerbsfähig wird.

5.4.1.3 Kapitalmangel-Arbeitslosigkeit
Der Fall der Kapitalmangel-Arbeitslosigkeit ist in Abb. 5.7 dargestellt.

Bei der Kapitalmangel-Arbeitslosigkeit wird die Kausalität gegenüber der klassischen Arbeitslosigkeit gewissermaßen umgedreht. Im Fall der klassischen Arbeitslosigkeit in Abb. 5.6 wird der Reallohn auf die zu niedrige Arbeitsproduktivität abgesenkt. Bei der Kapitalmangel-Arbeitslosigkeit in Abb. 5.7 muss jetzt die zu niedrige Arbeitsproduktivität auf den Reallohn angehoben werden.

Diagnose
Die Arbeitsproduktivität ist bei dem Reallohn l_1 wegen mangelhafter Kapitalausstattung des Arbeitseinsatzes zu niedrig mit der Folge, dass es zu Arbeitslosigkeit kommt ($N_1 < N_0$).

Abb. 5.7
Kapitalmangel-Arbeitslosigkeit

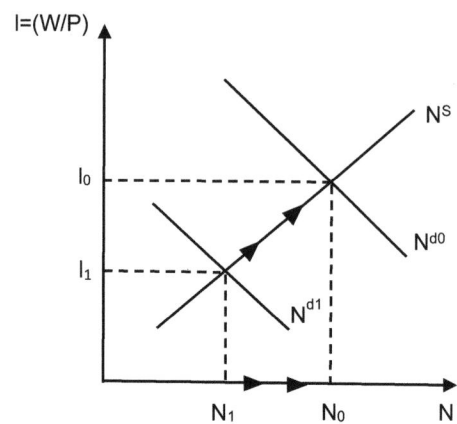

Therapie

Die Arbeitsproduktivität muss so erhöht werden, dass sie mit dem hohen Reallohn l_0 kompatibel ist. In Abb. 5.7 bedeutet das eine Verschiebung von N^{d1} nach oben auf N^{d0}.

Wie kann die Arbeitsproduktivität gesteigert werden? Die Antwort lautet: durch Investitionen. Hierbei müssen Investitionen allerdings Erweiterungsinvestitionen sein und nicht Rationalisierungsinvestitionen. Der Arbeitseinsatz soll ja auch steigen, damit die Vollbeschäftigung erreicht wird. Durch Rationalisierungsinvestitionen würde eine steigende Arbeitsproduktivität durch einen sinkenden Arbeitseinsatz erkauft werden.

Durch Erweiterungsinvestitionen erhöht sich der Einsatz des zweiten Produktionsfaktors Kapital. Die aus der Produktionsfunktion abgeleitete Arbeitsnachfragefunktion (vgl. Abb. 5.1) N^{d1} verlagert sich auf ein höheres Niveau N^{d0}, welches auf einen höheren Kapitalbestand $K_0 > K_1$ definiert ist. Die Arbeitsproduktivität steigt wegen der höheren Kapitalintensität.

Auch bei der Kapitalmangel-Arbeitslosigkeit kommt es darauf an, dass die Unternehmen optimistische Absatzerwartungen haben. Eine Absatzschranke am Gütermarkt existiert nicht.

Produktivitätsorientierte Lohnpolitik

Wir können in diesem Zusammenhang den Grundsatz der produktivitätsorientierten Lohnpolitik erläutern. Nach der Verteilungsseite entspricht das Einkommen (die Produktion) Y der Summe aus Lohneinkommen L und Gewinneinkommen G. Es gilt:

$$Y = L + G$$

$$1 = \frac{L}{Y} + \frac{G}{Y}$$

$$1 = Lohnquote + Gewinnquote = \frac{\left(\frac{W}{P}\right) \cdot N}{Y} + Gewinnquote$$

5.4 Arbeitslosigkeit

$$1 = \frac{W/P}{Y/N} + Gewinnquote \tag{5.2}$$

In Gleichung Gl. 5.2 ist der erste Summand rechts vom Gleichheitszeichen – die Lohnquote – der Quotient aus Reallohn (W/P) durch Arbeitsproduktivität (Y/N). Wenn also die Wachstumsrate des Reallohns genauso hoch ist wie die Wachstumsrate der Arbeitsproduktivität, dann bleibt die Lohnquote konstant. Dann bleibt aber auch die Gewinnquote konstant, und es ist nicht zu befürchten, dass die Unternehmen wegen sinkender Gewinnquote die Investitionen herunterfahren und den Arbeitseinsatz verringern. Mit anderen Worten: Durch Investitionen und deswegen steigender Arbeitsproduktivität wird Spielraum geschaffen für Reallohnerhöhungen.

Ideologie

Hier sind die Unternehmen gefordert. Es muss mehr investiert werden. Die Unternehmen müssen die Gewinne – im Zweifel mit zusätzlicher Fremdkapitalaufnahme – in wachstumsträchtige Bereiche investieren und dadurch Raum schaffen für eine Steigerung der Arbeitsproduktivität und des Arbeitseinsatzes. Der saturierte „Unternehmer", der sich nur als Bankier betätigt und die Gewinne lieber am Kapitalmarkt anlegt anstatt in reale Investitionsnachfrage umzusetzen, ist unerwünscht.

Resümee

In der Theorie mag die Unterscheidung verschiedener Arten von Arbeitslosigkeit nützlich sein. Jedoch ist es in der Praxis wirtschaftspolitischer Entscheidungszwänge in einer konkreten Rezession nahezu unmöglich, eine bestimmte Arbeitslosigkeit als die vorherrschende zu identifizieren. Häufig treten mehrere Arten von Arbeitslosigkeit gleichzeitig auf, und die Übergänge von einer in die andere Art sind fließend. Wir werden in Abschn. 5.5 anhand eines Beispiels hierauf zurückkommen.

Zusammenfassung

Theoretisch können drei Arten von Arbeitslosigkeit unterschieden werden:

- Keynesianische Arbeitslosigkeit
- Klassische Arbeitslosigkeit
- Kapitalmangel-Arbeitslosigkeit

Ursache der keynesianischen Arbeitslosigkeit ist ein Mangel an gesamtwirtschaftlicher Nachfrage. Die Unternehmen sehen sich einer Absatzschranke am Gütermarkt gegenüber. Der Staat muss mit expansiver Geld- und Fiskalpolitik die Nachfrage anregen. Bei der klassischen Arbeitslosigkeit ist eine Senkung des Reallohnes ein geeignetes Mittel zur Erreichung der Vollbeschäftigung. Bei der Kapitalmangel-Arbeitslosigkeit sind Erweiterungsinvestitionen vonnöten, um die Arbeitslosigkeit zu beseitigen. Eine eindeutige Identifikation der verschiedenen Arten von Arbeitslosigkeit ist nur theoretisch möglich.◄

Abb. 5.8 Mindestlohn

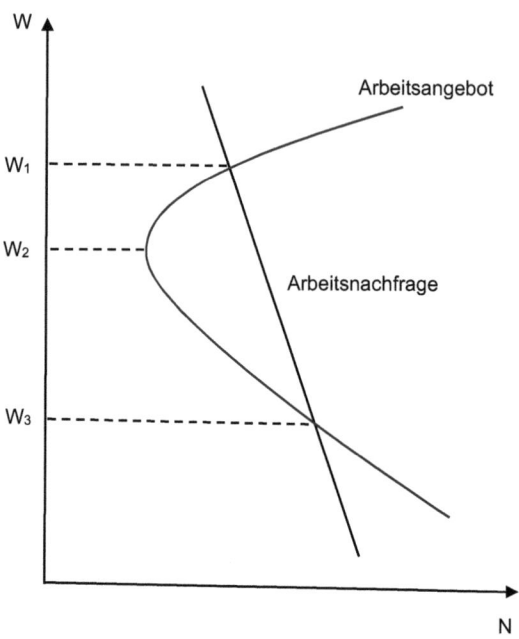

5.4.2 Exkurs: Mindestlohn

Wir kehren zurück zu der Arbeitsangebotsfunktion in Abb. 5.3. Der Fall des Mindestlohnes ist in Abb. 5.8 dargestellt.

In Abb. 5.8 sind Arbeitsnachfrage und Arbeitsangebot zur Vereinfachung vom Nominallohn pro Stunde dargestellt. Die Arbeitsnachfrage hat einen normalen Verlauf, d. h. ist negativ vom Nominallohn abhängig. Beim Arbeitsangebot ist lediglich ein Bereich bei sehr niedrigem Lohn dargestellt. Wir wissen aus Abschn. 5.3, dass bei sehr niedrigem Lohn der Haushalt sein Arbeitsangebot unter bestimmten Bedingungen ausdehnen muss, um das physische Existenzminimum zu sichern.

Wir können drei Bereiche unterscheiden:

- Bereich zwischen W_1 und W_2
- Bereich zwischen W_2 und W_3
- Bereich unterhalb W_3

In dem Bereich zwischen W_1 und W_2 ist die Arbeitsnachfrage größer als das Arbeitsangebot. Unter normalen Umständen müsste der Lohn eigentlich steigen. Aber bei sehr niedrigen Löhnen ist die Seite der Arbeitsnachfrage (die Unternehmen) häufig in einer Machtposition. Die Unternehmen haben Verhandlungsmacht, die Arbeitskräfte können leicht ersetzt werden, der gewerkschaftliche Organisationsgrad ist gering usw. Das bedeutet, dass die Arbeitnehmer gezwungen sind, einen niedrigen Lohn unterhalb W_1 zu akzeptieren.

Sinkt der Lohn unter W_2, dann reagiert das Arbeitsangebot anomal. Der Lohn ist jetzt so niedrig, dass die Arbeitnehmer nicht weniger Arbeit anbieten, sondern sie müssen länger arbeiten, um das physische Existenzminimum zu sichern. Krass ausgedrückt: Die Arbeitnehmer müssen bei einem Lohn unterhalb W_2 länger arbeiten, um nicht zu verhungern.

Wenn der Lohn auch noch unter W_3 sinkt, dann ist das Arbeitsangebot größer als die Arbeitsnachfrage. Der Lohn sinkt endlos, ohne dass ein Gleichgewicht zustande kommt.

Zusammenfassung

Der Staat muss im Niedriglohnbereich einen Mindestlohn garantieren, um asoziale Zustände zu verhindern. Dieser sollte aber nicht zu hoch festgesetzt werden, damit es nicht zu Mindestlohn-Arbeitslosigkeit kommt. Hierbei die Untergrenze für einen gesetzlich festgelegten Mindestlohn zu finden, ist ein schwieriges Unterfangen. ◄

5.5 Ein Beispiel – Deutschland Ende 2024

Versetzen wir uns in die wirtschaftliche Situation in Deutschland Ende 2024. Das Land befindet sich nunmehr seit zwei Jahren in einer Rezession. Vieles spricht dafür, dass es sich nicht nur um das übliche Auf und Ab der Konjunktur handelt, sondern dass es sich um eine tiefgreifende strukturelle Krise handelt. Dafür spricht die Wachstumsschwäche der deutschen Wirtschaft, die sich an dem historischen Tiefstand des Produktionspotenzials zeigt. Die Spielräume für Konsum und Investition einerseits und für die Einkommensverteilung andererseits sind auf absehbare Zeit sehr begrenzt.

Wie soll die Wirtschaftspolitik in diesem Spannungsfeld agieren? Zur Beantwortung dieser Frage kann man sich an drei Bereichen der Wirtschaftspolitik orientieren:

- Geldpolitik
- Fiskalpolitik
- Einkommenspolitik

Geldpolitik
Welche Rolle kommt der Geldpolitik zu? Für die Geldpolitik ist in der EWU die EZB zuständig. Im Jahre 2022 stieg die Inflationsrate im Euroraum auf über 8 % an. Ursache war ein Angebotsschock in Form einer drastischen Energiepreisverteuerung infolge des Ukraine-Kriegs. Die EZB erhöhte den Leitzins, um die Nachfrage zurückzudrängen. Die Inflation ist

inzwischen wieder nahe bei dem Inflationsziel der EZB von 2 %. Jedoch haben – wie üblich mit einer gewissen zeitlichen Verzögerung – inzwischen die Tarifparteien ihre Inflationserwartungen nach oben korrigiert und Lohnabschlüsse über dem Produktivitätsfortschritt vereinbart. Dadurch wird wiederum Druck auf die Inflationsrate ausgeübt. Die EZB muss also weiterhin wachsam sein. Die Gefahr einer Preis-Lohn-Spirale ist auch in Deutschland noch nicht gebannt.

Fiskalpolitik
Welche Rolle kommt der Fiskalpolitik zu?

Hier ist zunächst die Frage zu klären, ob Deutschland sich hinsichtlich der Staatsverschuldung eine expansive Fiskalpolitik zur Kreditfinanzierung eines Investitionsprogramms überhaupt leisten kann. Die Schuldenquote ist der Anteil der Staatsschulden am BIP. Die Staatsschulden betragen in Deutschland 2023 ca. 2.600 Mrd. Euro bei einem BIP von ca. 4.200 Mrd. Euro. Das ergibt eine Schuldenquote von ca. 62 %. Hier ist noch genügend Spielraum nach oben. Allerdings steht dem die 60 %-Regel des europäischen Stabilitäts- und Wachstumspakt entgegen. Und es müsste die Schuldenbremse ausgesetzt werden.

Und hier scheiden sich die Geister.

Von den Vertretern eines staatsgläubigen Interventionismus wird ein großvolumiges Investitionsprogramm zur Ankurbelung der Wirtschaft gefordert. Die Wirtschaft ist seit zwei Jahren in einer Rezession. Die gesamtwirtschaftliche Nachfrage ist schwach. Insbesondere die Investitionen der Unternehmen liegen am Boden. Die schwache Nachfrage droht über kurz oder lang auf den Arbeitsmarkt durchzuschlagen. Man denkt in den Kategorien der keynesianischen Arbeitslosigkeit (Abb. 5.5). In dieser Sicht der Dinge ist das einzig wirksame Instrument eine expansive Fiskalpolitik. Was spricht dagegen, in einer solchen Situation die Schuldenbremse bei einer Schuldenquote von nur 62 % auszusetzen, um aus dem Teufelskreis der Rezession auszubrechen?

Das Problem ist, dass über den Bedeutungsinhalt „staatlicher Investitionen" im politischen Raum heftig gestritten werden kann. Welche „Investitionen" garantieren künftiges Wachstum, sodass es nicht zu langfristigen strukturellen Defiziten kommt? Umwelt? Klima? Digitalisierung? Künstliche Intelligenz? Eine eindeutige Identifikation förderungswürdiger Technologien durch den Staat ist ein schwieriges Unterfangen.

Dagegen vertrauen die Marktapologeten auf den Fall der Kapitalmangel-Arbeitslosigkeit (Abb. 5.7). Man hofft auf die Innovations- und Investitionskraft der Unternehmen. Die Kontrolle über mögliche Fehlallokationen übt der Markt aus. Parole: Survival of the fittest.

Das Problem hierbei ist, pessimistische Absatzerwartungen zu überwinden und die Unternehmen zu Investitionen in wachstumsträchtige Bereiche zu ermutigen. Das ist nicht einfach. Ob eine solche Überredungsstrategie gelingt, kann bezweifelt werden.

An solchen Gegensätzen kann eine schwache Regierung in schwierigem wirtschaftspolitischem Fahrwasser scheitern – wie das Beispiel Deutschlands Ende 2024 zeigt.

Wie könnte eine Lösung aussehen? Eine Lösung könnte sein, die Schuldenbremse auszusetzen und ein kreditfinanziertes Investitionsprogramm aufzusetzen in Form von

Abschreibungserleichterungen und Senkung der Unternehmenssteuern. Die Unternehmen würden entlastet, ohne dass der Staat direkt in die Unternehmensführung eingreift.

Einkommenspolitik
Im Mittelpunkt der Einkommenspolitik steht die Verteilung des Einkommens (der Produktion) auf Löhne und Gewinne. Das Einkommen nach der Verteilungsseite entspricht stets der Summe aus Lohneinkommen und Gewinneinkommen. Zu berücksichtigen ist, dass die Verteilungsspielräume infolge des ausgesprochen schwachen Wachstums des Produktionspotenzials auf absehbare Zeit sehr eng sind.

Wenden wir uns zuerst den Lohneinkommen zu.

Die Inflationsrate ist in 2022 auf über 8 % angestiegen. Anknüpfend an den Fall der klassischen Arbeitslosigkeit (Abb. 5.6) könnte gefordert werden, den Reallohn drastisch zu senken, um die Wirtschaft wieder wettbewerbsfähig zu machen. Das würde aber vollständig die Tatsache negieren, dass die Ursache für den Inflationsanstieg nicht gewissermaßen „hausgemacht" in Form überhöhter Tarifabschlüsse ist, sondern ein exogener Angebotsschock in Form eines Energiepreisanstiegs ist. Eine deflationäre Rosskur ist keine Option für die Einkommenspolitik.

Die Lohneinkommen können dem Grundsatz der produktivitätsorientierten Lohnpolitik folgen (vgl. die Erläuterung oben in Abschn. 5.4.1 unter „Kapitalmangel-Arbeitslosigkeit"). Rekapitulieren wir kurz. Wenn die Wachstumsrate des Reallohns genauso hoch ist wie die Wachstumsrate der Arbeitsproduktivität, dann bleiben die Lohnquote und die Gewinnquote konstant. Wenn also die Reallöhne dem Grundsatz der produktivitätsorientierten Lohnpolitik folgen, dann ist nicht zu befürchten, dass die Unternehmen wegen sinkender Gewinnquote die Investitionen herunterfahren und den Arbeitseinsatz verringern. Die Gewinnquote bleibt ja auch konstant.

Man sollte sich allerdings von der Befolgung dieser Regel kurzfristig nicht allzu viel versprechen. Denn die Arbeitsproduktivität wächst realiter nur um ca. 0,5 %. Der Spielraum für Reallohnerhöhungen ist folglich kurzfristig recht eng. Auch hier artikuliert sich wieder das schwache Wachstum des Produktionspotenzials. Im Ergebnis ist bei einer Zielinflationsrate der EZB von 2 % der Zuwachs beim Nominallohn 2,5 %. Mit anderen Worten: Durch mehr Investitionen und dadurch steigende Arbeitsproduktivität kann langfristig auch mehr Spielraum geschaffen werden für Reallohnerhöhungen.

Wenden wir uns nun den Gewinneinkommen zu.

Die Gewinne der Unternehmen sind die Grundlage für die Finanzierung der Investitionen. Für Deutschland ist eine ausgeprägte Investitionsschwäche zu diagnostizieren. Die Voraussetzung für eine Steigerung der Investitionsnachfrage sind optimistische Absatzerwartungen der Unternehmen. Und hier kommt das hier unter „Fiskalpolitik" erläuterte kreditfinanzierte Investitionsprogramm ins Spiel. Dieses Programm soll die Absatzerwartungen der Unternehmen positiv beeinflussen. Wenn diese expansive Fiskalpolitik greift und deswegen der

Investitionsmotor anspringt, dann kann durch höhere Investitionen die Arbeitsproduktivität und der Arbeitseinsatz gesteigert werden. Und damit erhöht sich langfristig auch der Spielraum für Reallohnerhöhungen

▶ **Was bleibt als Resümee?** Mit diesem Mix aus stabilitätsorientierter Geldpolitik, geeigneter expansiver Fiskalpolitik, Reallohnerhöhungen im Umfang des Produktivitätsanstiegs und einer kräftigen Steigerung der Investitionstätigkeit könnte es gelingen, allmählich aus dem Tief des Produktionspotenzials herauszukommen.

Literatur

Blanchard, O. et al. (2021). Makroökonomie. 8. Aufl. Pearson. Kapitel 7.
Bofinger, P. (2020). Grundzüge der Volkswirtschaftslehre. 5. Aufl. Pearson. Kapitel 10, 18.
Mankiw, N. G. (2024). Makroökonomik. 8. Aufl. Schäffer-Poeschel. Kapitel 7.

MIX
Papier aus verantwortungsvollen Quellen
Paper from responsible sources
FSC® C105338

If you have any concerns about our products,
you can contact us on
ProductSafety@springernature.com

In case Publisher is established outside the EU,
the EU authorized representative is:
Springer Nature Customer Service Center GmbH
Europaplatz 3, 69115 Heidelberg, Germany

Printed by Libri Plureos GmbH
in Hamburg, Germany